DeepSeek
小红书
15天实战变现

从零到一打造
高价值商业IP　　AI 赋能
快速变现

刘丙润／著

U0313961

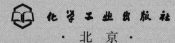

化学工业出版社

·北京·

图书在版编目（CIP）数据

DeepSeek小红书15天实战变现 ／ 刘丙润著． --北京 ：
化学工业出版社，2025. 7. -- ISBN 978-7-122-47934-1

Ⅰ. F713.365.2

中国国家版本馆CIP数据核字第20254LQ014号

责任编辑：葛亚丽　　　　　　　　　装帧设计：王　婧
责任校对：李露洁

出版发行：化学工业出版社
　　　　　（北京市东城区青年湖南街13号　邮政编码100011）
印　　装：三河市双峰印刷装订有限公司
710mm×1000mm　1/16　印张12　字数200千字
2025年5月北京第1版第1次印刷

购书咨询：010-64518888　　　　　　售后服务：010-64518899
网　　址：http://www.cip.com.cn
凡购买本书，如有缺损质量问题，本社销售中心负责调换。

定　　价：48.00元　　　　　　　　　版权所有　违者必究

序

作为博主，想彻底钻研清楚小红书需要多长时间？我的答案是：两周。

在当下所有的自媒体赛道中，小红书的商业性大家有目共睹，但和其他平台又有所不同。我们不要想当然地认为，在小红书平台上粉丝越多越好、流量越高越好。在小红书上，我们做的是商业IP，商业和IP同等重要。

也正因此，本书才会在前半部分，把所有的非IP变现模式讲解清楚，包括但不限于最基础的分析定位、账号搭建、赛道布局、内容选题、内容运营和基础变现；然后会用另一半的篇幅来讲，如何实现商业IP变现。我们不是只需要借助小红书去做蒲公英的商业运营广告，更需要去做好知识付费、IP搭建、店铺运营、直播、私域等内容。

同时，2025年及之后的小红书商业运营，与2025年之前有着截然不同的转变，人工智能开始入局。我们既需要通过对标账号来找到账号定位，更需要借助人工智能来实现高效率的内容创作，以及IP速成。

在没有人工智能之前，我们可能需要用一个月、两个月甚至五个月的时间来做好小红书账号，但是现在，我们只需要两周时间，按照本书节奏，每天做好账号运营的一部分，然后持续精进，终有所成。

当然，15天玩转小红书也只是一个美好的期望值，并不是每一个人都能严格按照书中的流程去做运营，尤其涉及部分赛道涨粉难、涨粉慢，就更需要大家持之以恒地去运营小红书。除此之外，为了更好地帮助大家运营小红书，我们引入一款人工智能DeepSeek，在部分章节中，我们会让人工智能辅助我们完成部分小红书内容创作，起到事半功倍的效果！

此外，小红书的IP商业变现已经不只限于个人，还包括品牌或企业。在这个IP时代，任何个人、品牌或企业都应该去尝试打造IP。选择大于努力，如果我们之前已经错失了某些平台或赛道上的红利，那么现在小红书正当时、正应景。

希望大家把这本书当作运营小红书的行动指南，把第15天做的小红书图文笔记表格、视频笔记表格和直播笔记表格，巧妙运用起来，去搭建属于你的小红书账号！

去吧！

诸君，加油！

目 录

小红书定位秘籍：
五要素定位分析法

2013 年 6 月，行吟信息科技（上海）有限公司推出了一款生活方式分享平台，而这款平台在 10 余年后的今天有着无法忽视的影响力。

没错，它就是如今爆火的"小红书"！

无论是休闲娱乐、个护美妆，还是家居、旅行、酒店、餐馆等各行各业的营销推广，再或者达人们的好物分享、个人成长经验分享，都越来越离不开小红书。而且在可预期的未来，小红书占有的市场份额及在互联网上的影响力，必然越来越大。

对于普通素人来说，玩转小红书，通过小红书做个人经验分享或兼职副业变现，也成为了非常可行的选择。然而，想要在任何平台获得成功，都离不开准确的定位，所以第 1 天我重点讲解小红书定位问题，帮助大家在小红书赛道上更轻松地迈出第一步。

1.1 创作体裁分析：图文、视频、直播优缺点比较

第 1 节我们重点分析创作体裁，先看一下图文、视频、直播的优缺点。见表 1-1。

通过表格中对小红书图文、视频、直播的纵向对比，不难得出以下 4 点结论，如图 1-1 所示。

表 1-1　图文、视频、直播优缺点比较

维度比较	创作速度	制作成本	多样性展示	博主表现力需求	用户需求度	补充
小红书图文	非常快，借助人工智能可批量创作	几乎为 0	几乎为 0	几乎为 0	需求度普遍偏高	知识干货大量创作，点赞、收藏率普遍偏高，但 IP 打造难度极大，很难产生黏性粉丝
小红书视频	不建议借助人工智能，日更 1～3 条	成本偏高	博主人设搭建	镜头表现张力需求极高，容错率高	需求度较高，但不如小红书图文	创作成本偏高，大部分小红书博主都要尝试的创作方向
小红书直播	单日直播 1～2 场，每场耗时 1～2 小时	匹配多维度推流机制，初始投资成本很高	立体化展示 IP	镜头表现张力需求很高，容错率很低	需求度较低，但能对接精准用户	创作成本很高，但能够立体展示 IP，对未来发展起到的作用较大

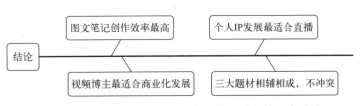

图 1-1　小红书图文、视频、直播纵向对比的 4 点结论

1.2　深度解析流量资源：全面拆解 8 级流量池

　　大家只要有过小红书运营的想法，并且在小红书平台或其他平台搜索过小红书该如何运营，就应该看过类似的或完全相同的"小红书流量池"。在这个表格中，小红书的流量池被分成了 8 级，1 级流量池只有 0～200 次的浏览量或曝光量，

而 8 级流量池则有 1200 万次以上的浏览量或曝光量，见表 1-2。

表 1-2　小红书 8 级流量池　　　　　单位：次

全站流量池	8 级流量池：1200 万以上
爆款流量池	7 级流量池：500 万 -1200 万
热门流量池	6 级流量池：20 万 -500 万
潜力流量池	5 级流量池：2 万 -20 万
万人流量池	4 级流量池：5000-2 万
千人流量池	3 级流量池：500-5000
基础流量池	2 级流量池：200-500
初始流量池	1 级流量池：0-200

大家看到的这一个流量池层级分布表，从理论上说可以匹配大部分自媒体平台，包括但不限于抖音、快手、视频号、今日头条、百家号、企鹅号、B 站、知乎等。在这里我主要讲这个表格背后的底层逻辑，即"用户满意度"问题。我在 2019 年做自媒体孵化培训时，就曾经讲过这件事，这一套逻辑理论上在未来很长时间内不会发生太大变化。"用户满意度"见表 1-3。

表 1-3　用户满意度

推流次数	第 1 次推流	第 2 次推流	第 3 次推流	终止推流
用户是否满意	满意	满意	不满意	

首先我们需要知道的是用户满意与不满意的评判标准。

这就需要引出另外一个话题——一篇爆文是如何生成的？先给大家讲解一个特有的评分体系，即"CES评分体系"，如图1-2所示。

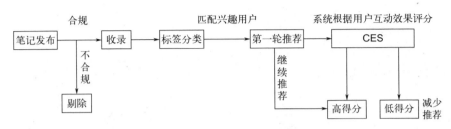

图1-2　CES评分体系

在这个"CES评分体系"中，最重要的是"用户互动效果"评分。这时又会引出第2个问题，"用户互动效果"包括哪些方面？

理论上来说，用户互动效果有很多细分，但最主要的只有3个，分别是点赞、收藏和评论。博主最需要做的就是尽最大可能提升点赞、收藏、评论的数量，这一点在本书中会重点讲解。

1.3　人物人设分析：6种情绪设定和20种身份设定

情绪永远是我们做小红书最重要的环节之一，无论我们做的是图文笔记、视频内容还是直播，如果内容平铺直叙、泛泛而谈，不能有效调动观众的情绪，那么就很有可能是在做无用功。没有情绪就意味着没有可读性和趣味性，想让读者给我们点赞、收藏、关注，非常难。

所以这里我总结了6种最优的情绪设定，可以帮助大家在小红书创作的过程中事半功倍，见表1-4。

情绪设定是博主在创作小红书笔记时，应该展现出来的"情绪张力"。只有这样，读者在观看我们的视频，阅读我们的笔记时，才会有较大黏性，否则很容易产生较高的跳出率。

表 1-4　6 种最优情绪设定

情绪	释义	案例	优势
焦虑情绪	主要讲在某个年龄段本该做到但没有做到的事情，通过触动读者群体的内心焦虑，起到行为激励的作用	30 岁没车没房，你不该再躺平摆烂了	理论上每个人都会在不同的时间段产生不同的焦虑
励志情绪	别人能做到的事情，我们也能做到，把别人的成功经验汇总成一碗鸡汤给读者喝	他只用 10 年时间逆天改命，或许你也可以	理论上每个人都有成功的梦，我们未必会成功，但会为成功者鼓掌，且希望自己也有被鼓掌的那一天
趣味情绪	内容诙谐、幽默、有趣味，读者在阅读文案、观看视频或直播时会捧腹大笑	60 个冷笑话，保准让你哈哈大笑	泛娱乐的账号往往对标泛娱乐的观众，并不是每个人刷短视频都是为了寻求宝贵知识和经验，有很大一部分的观众只是为了获得快乐和开心
暖心情绪	关乎亲情、爱情、友情的暖心事件，在保证真实度的前提下，将内容创作得更有人情味	母亲捐肝救子，每日行走 10 公里，暴走 7 个月减掉重度脂肪肝，只为救自己儿子	我们很容易被真实的有温度的故事感动
猎奇情绪	读者迫切想了解，但短期内又很难触及的人、事、物	去北欧国家旅游，这几件事要牢记	人天生就是好奇的动物，我们对于未知的事情往往充满猎奇感
自信情绪	相信"相信"的力量，当你相信你能成功时，你就离成功很近了	人这一辈子最可怕的事就是"你认为它很可怕"	每个人都有"颓"的时候，这个"颓"表现在方方面面，最核心的一点是不自信，提升一个人的自信心的相关视频，是一定具备市场受众的

除了情绪设定外，我们还要给每一位小红书博主设定额外的身份，理论上来说，有身份就意味着有背书，有背书就意味着有垂直度和信服力。但并不是每一位博主都能准确拥有背书或身份，有一些背书和身份是需要在创作中不断累积的，我总结了 20 种最具代表性的身份设定，见表 1-5。

表 1-5 20 种身份设定

身份设定	细分类目	优势讲解
美妆博主	美妆、护肤、口红、香水、眼妆、底妆等	小红书赛道女性粉丝居多，后期可以转赛道为美妆付费教程、化妆品测评、变美攻略等
知识博主	垂类赛道知识分享、各类冷知识盘点	小红书作为商业种草平台，从来不抵触知识付费，后期可以直接转赛道，做某特定行业的知识讲师
穿搭博主	分享每日穿搭、分享特定身材穿搭、分享特定场合穿搭	后期可以直接接商业广告，广告报价基本在粉丝量的 5%～15% 间波动，收益非常可观
成长励志博主	女性成长、男性成长、自我提升、弯道超车	励志题材理论上在任何一个视频 app 上，都有很大市场，小红书平台也不例外
情感博主	情感语录、恋爱问题答疑、人性心理学	亲情、爱情、友情永远是情感领域的三大支柱，而这三大支柱又和我们的日常生活息息相关
美食博主	美食探店、美食制作、日常美食分享	衣、食、住、行与我们的生活息息相关，而"食"代表着一日三餐，是不可或缺的
宠物博主	猫狗等宠物分享、宠物知识科普	随着生活水平提高，宠物已经渐渐成为我们生活中不可或缺的一部分，理论上无论在哪个平台去做宠物博主，都有概率获得爆款

续表

身份设定	细分类目	优势讲解
旅行博主	国内旅行、国外旅行、情侣出游、穷游等旅行攻略	随着生活水平提高，去国内外知名旅游景点旅行的人也越来越多，做好旅游攻略，是我们增长粉丝的一大利器
母婴博主	好物推荐、婴幼儿抚养注意事项、产后恢复	该类知识科普对于大多数家庭来说都是有帮助的，且很容易获得读者的认可支持
家居博主	家具购买、房屋装修	与日常生活息息相关，属于干货知识科普类
数码博主	数码产品测评、数码好物分享、手机、电脑、耳机、平板等产品讲解	大家对数码设备的需求越来越大，但市面上的数码设备种类繁多，很多数码小白迫切需要相关科普知识
健身博主	健身、运动、减肥等	无论是想保持好身材，还是希望通过健身的方式快速瘦下去，这两方面的素材一定能吸引到读者群体
VLOG博主	大学生、打工人、旅居者	特殊人物的特殊经历总能吸引读者，尤其当粉丝对这方面的经历感到好奇时
职场博主	求职面试攻略、职场简历撰写、职场能力提升	无论是个人创业还是去各种公司任职，几乎每位小伙伴都会来到职场大环境，也正因如此，职场博主的市场前景相对较好
摄影博主	手机摄影、摄影教程、摄影干货、摄影师教学	拍出一张美照是每位小伙伴旅游时至关重要的一环，简单粗暴、傻瓜式的摄影教学更容易吸引读者关注
读书博主	拆书稿讲解、荐书稿讲解、图书带货变现模式、读书与个人内涵提升	书中自有黄金屋，读书在提升个人素养的同时，也能实现不错的兼职副业变现
游戏博主	游戏攻略、热门游戏主播、经典游戏怀旧	游戏作为80后、90后、00后以及其他年龄阶段的主要休闲娱乐方式之一，占有广阔市场

身份设定	细分类目	优势讲解
探店博主	好店分享、美食分享、特价优惠分享	探店主播与小红书未来的发展方向之一完美契合，既有平台流量，又有观众需求
测评博主	产品测评、好物推荐	帮助观众避坑避雷，推荐性价比高的产品
健康、医生、法律、财经类博主	健康领域、医生领域、法律领域、财经领域	这四类领域比较特殊，具备部分权威性，需要我们有从业资格以及相关证书，但市场相对可观，流量较大

这里给大家设计了一套公式，用于做身份设定时的精准定位：

身份设定＝职业＋喜好＋热门

这里面涉及小红书的定位问题，我会在第 6 小节中详细讲解。

1.4　共鸣性分析：垂直度＋广度的双管齐下

在创作小红书笔记时，最忌讳非 VLOG 群体去 VLOG 化。

所谓 VLOG 博主，就是通过手机拍摄的方式记录自己衣食住行等各个方面的博主，他们更愿意通过视频的方式分享自己的生活。如果博主给自己的定位不是 VLOG 博主，例如定位是知识博主、励志博主、情感博主等，那么内容的垂直度就尤其重要，因为内容的垂直度和粉丝黏性直接关联，见表 1-6。

表 1-6　内容垂直度两大要求

赛道垂直	要保证持续发布的内容在同一领域，比如你是美妆博主，那么就持续发布与美妆相关的内容；同理，家居博主、穿搭博主、母婴博主也是这样
粉丝垂直	我们发布的内容是具备垂直属性的，那么相当于自己给自己的账号贴了标签，对于商家来说，标签涉及后期商业合作问题

有一个问题，内容越垂直往往意味着粉丝越垂直，可粉丝在垂直赛道中的群体数量往往并不理想，比如美妆博主的垂类，美妆粉丝可能也就只有几万或者十几万。而10万粉丝的商业笔记在小红书上的报价虽然不少，但如果能再拔高一个档次就会更好一些。这个时候就需要考虑"广度"的问题。

接下来以美妆博主为例，讲一下小红书笔记广度的问题，见表1-7。

表1-7　美妆博主案例

美妆博主	广度一： 时事热点	广度二： 利他惠他	广度三： 成长总结	广度四： 励志语录
释义	热点事件出现意味着已经有很大的读者群体去围观，而这些热点能否巧妙地嵌入我们的垂直赛道中显得尤为重要，这就意味着我们需要一手抓流量一手抓粉丝，对账号的短期粉丝增长帮助极大	以知识科普的身份告诉大家去做某一件事能给大家带来的好处，这里的好处不只是知识，也有可能是金钱	总结自己过去这几个月或几年的成长，通过打造个人励志的身份来吸引粉丝关注	通过深挖与人性相关的话题，尝试创作励志方向的内容
选题案例	某位美妆博主直播耍大牌，引起粉丝不满	"双11"省钱攻略，这样做你能赚到更多	通过做小红书，我获得了以下4点成长，你也可以	人性最可悲的是在不该放弃时随意放弃

增加广度本质上是为了提升粉丝数量，所以允许出现若干条非垂直内容，比如广度三、广度四生成的图文或视频笔记，就已经和美妆博主没有太大关联了。

博主既要保证账号的垂直度，同时又要在选题上适当增加广度，以此来提升粉丝数量，一般按照2∶1或3∶1的比例进行创作，即2～3条垂直内容中夹带一条非垂直内容。

1.5　素人低成本创业分析：留住读者的三要三不要

我见过很多学员，在还没开始内容创作之前，就先花费重金置办设备。实际上，很多人高估了小红书变现的速度，认为初期投资能在短时间内获得高额回报，这种想法是错误的。尤其是对素人博主来说，小红书的变现需要一个漫长的周期，且中间有很多坑需要规避，所以在初期适当压低创作成本尤为重要。

我有几点建议，如图 1-3 所示。

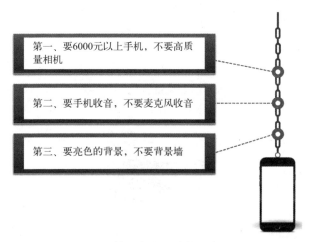

图 1-3　基于个人经验的三点建议

第一，要 6000 元以上手机，不要高质量相机。

手机要以像素为主流选择，包括但不限于各大品牌手机。相机价格过贵，一般高质量相机报价都在 15000 元以上，更有甚者花 5 万元、10 万元买一部相机，对新人来说，性价比不高，单纯学使用相机的教程，都要花费一些时日。

第二，要手机收音，不要麦克风收音。

手机发展到现在，收音不成问题，很多人花几十元买各种各样的麦克风来尝试收音，可殊不知这种低价麦克风杂音很大，而高价麦克风动辄一两千块钱，但这些麦克风在音质上与手机端的区别并不大。

第三，要亮色的背景，不要背景墙。

直播间光线不好，一些人可能想着搭建背景 KT 板，安装容光箱，添加补光灯，通过顶光、底光、主光、辅光、轮廓光等诸多光线设计，使光线变得更加柔和。但这一套设备下来最低也要1000元，最多甚至超过2万元，如果再算上单独设计的背景墙，共5万元左右，实在没必要。

新人想做小红书，前期不建议高投资，在家、办公室或其他地方找到一面光线相对较好的墙壁，后面放上贴纸或摆一个廉价书架即可。如果光线实在太差，可以尝试户外拍摄，连补光灯都无须准备。

1.6 小红书定位及创作案例

关于小红书定位，我分析总结了五大要素，如图1-4所示。

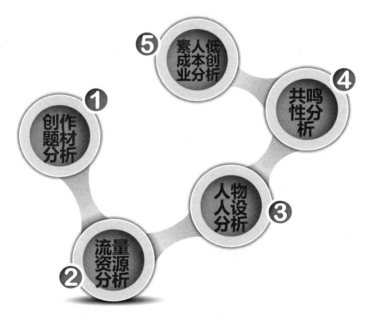

图1-4 小红书定位五大要素

在具体的分析过程中，建议大家采用五要素交叉法取交集，选中最适合自己的领域进行小红书笔记创作。

为了便于大家理解，举例如下。

创作题材分析：以视频为主。

流量资源分析：初期进入 3 级流量池，后期尝试冲刺 8 级流量池。

人物人设分析：提供自信情绪，做成长励志博主。

共鸣性分析：通过纵向对比过去 3～5 年的成长变化，来告诉大家，努力不止于当下，也在于未来。同时适当追热点，通过视频的方式讲解某些名人大家，是如何努力实现人生逆袭的？

素人低成本创业分析：避免过高投资，尝试午后在户外用手机支架制作自己的第 1 条视频。

1.7　小红书定位注意事项：价值连城的避坑指南

相较于其他平台，小红书的容错率偏低，一旦涉嫌违规，账号很有可能直接废掉。经过长期运营，我总结了 10 件绝对不能做的事情，如图 1-5 所示。

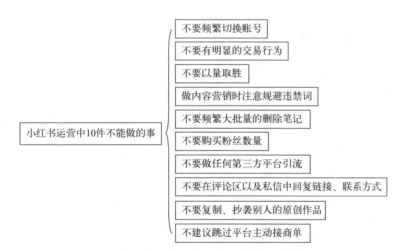

图 1-5　小红书运营不建议做的 10 件事

账号搭建技巧：
手把手教你搭建小红书账号

第1天我们了解了五要素定位分析法，第2天就要学习小红书账号的搭建。在这一章中，我会详细讲解小红书账号搭建的必备流程以及禁忌事项。

2.1 账号昵称："五要五不要"，适当注册商标很必要

关于小红书的账号昵称，只需要牢记"五要五不要"即可。因为小红书账号昵称可更改，所以其容错率偏大，但不建议频繁更换。

关于账号昵称的"五要五不要"，如图2-1所示。

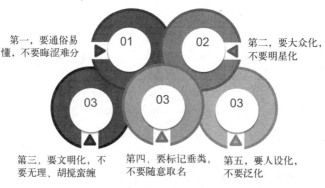

图2-1 账号昵称"五要五不要"

第一，要通俗易懂，不要晦涩难分。

假如小红书账号昵称有以下四个选项，让我们从中选择一项适合的小红书昵

称，大家会选择哪一项？

A. 王二狗　B. 饕餮　C. 竜餮　D. 觥觥

大概率会选择 A 项，A 项昵称未必多么合适，但最起码通俗好记。

第二，要大众化，不要明星化。

假如小红书账号昵称有以下四个选项，让我们从中选择一项适合的小红书昵称，大家会选择哪一项？

A. 王二狗　B. 李雪峰　C. 王宝强　D. 周星驰

一些人可能会选择 B、C、D 选项当中的一项，自己崇拜网红也好，喜欢明星也罢，但这种行为极不建议，尤其再配合头像图片，有一定概率会被判定为侵权，且没有个人特色。

第三，要文明化，不要无理、胡搅蛮缠。

假如小红书账号昵称有以下四个选项，让我们从中选择一项适合的小红书昵称，大家会选择哪一项？

A. 王二狗　B. 不关注毁全家　C. 你的父亲　D. 渣男 / 渣女去死

我们必须选择 A 项，要注意，不单单是小红书，理论上我们所有的自媒体账号昵称，都不得有攻击性、指向性或恶意评论，这是做自媒体的最基本诉求。

第四，要标记垂类，不要随意取名。

假如小红书账号昵称有以下四大选项，让我们从中选择一项适合的小红书昵称，大家会选择哪一项？

A. 王二狗写作变现　B. 王二狗爱玩游戏　C. 王二狗快乐人生　D. 王二狗不爱吃饭

假定我的名字叫王二狗，主要给大家讲解写作变现，那我在起账号名字时可以单独起王二狗，也可以起"王二狗写作变现"或类似的小红书昵称，但不要挂无关联的内容。

第五，要人设化，不要泛化。

假如小红书账号昵称有以下四个选项，让我们从中选择一项适合的小红书昵称，大家会选择哪一项？

A. 王二狗　B. 家和万事兴　C. 花好月圆　D. 美丽不打折

当我们想要在小红书上搭建人设去做个人 IP 时，最好起一个有 IP 属性的小红书昵称，这类昵称更容易让读者信服，比如我——刘丙润。

当我们的小红书粉丝在 2 万~3 万，每个月通过小红书变现超过 5000 元时，可以开一家公司，然后从这家公司注册我们的小红书昵称的商标，一般选择中国商标分类中的第 35 类（广告销售与商业管理）、38 类（通讯服务）、41 类（教育娱乐）、42 类商标（教育娱乐）。

但如果小红书变现金额不多，前期不建议注册商标，因为注册商标就意味着要开一家企业，而企业一年的支出最少也要 2000 元，对新人博主来说也是一笔不小的支出。

关于商标注册的建议，如图 2-2 所示。

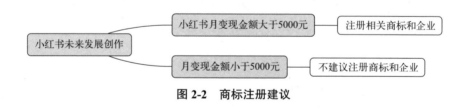

图 2-2　商标注册建议

2.2　账号简介：让读者明白你是谁，你能带来什么

打开小红书界面，点击右下角"我的"，在主界面中有"编辑资料"按键，我们一键点击，在编辑资料界面有"简介"按钮，我们继续点击，就到了简介的编辑界面。如图 2-3、图 2-4 所示。

小红书简介有两点"硬性指标"，如图 2-5 所示。

除了以上两点硬性指标之外，还有以下 6 条"潜规则"，如图 2-6 所示。

图 2-3　小红书编辑资料界面

名字 　　　　　　　　　　　　　　　　刘丙润 ＞

小红书号 　　　　　　　　　　　　8018768195 ＞

简介 　　用一年时间，写出好作品——发起者
　　　　实体书出版累计11本，第十届当当… 　＞

性别 　　　　　　　　　　　　　　　　　　男 ＞

图 2-4　小红书编辑简介界面

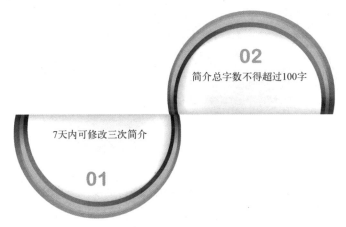

图 2-5　小红书简介的硬性指标

图 2-6　小红书简介的 6 条规则

那么，如何写一条优秀简介呢？在这里我们给大家提供一个"3W+H"原则。见表2-1。

表 2-1　小红书简介 3W+H 原则

小红书简介	
Who	我是谁？
What	我是干什么的？
Which	我有什么优势？ / 我有哪些特色？
How	我可以给你提供什么？

【案例分析】

接下来利用超图解的方式讲一个案例，如图2-7所示。

图 2-7　案例图解

2.3　账号头像：不侵权是唯一标准

在创建小红书账号时，除了需要准备昵称、简介外，还要准备一张图片，来做头像。相较于账号搭建的诸多技巧来说，头像是最容易出现问题的，但只要能了解其底层逻辑，是很容易做好头像 IP 的。

我在这里给大家提 5 点要求，满足这 5 点要求即可，如图 2-8 所示。

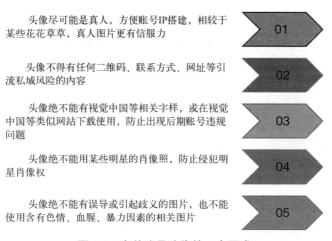

图 2-8　有关账号头像的 5 点要求

2.4　账号职业和账号学校：展示 IP 信服力的辅助手段

我们打开小红书后台，点击"编辑资料"，在中间靠下栏有身份、学校两个可选项，如图 2-9 所示。

这两个可选项建议大家填写。

在身份可选项中有时尚、美妆、潮流、影视、娱乐、音乐、游戏、文化、教育、广告、营销、咨询服务、科技数码、互联网、美食、情感、兴趣爱好、运动健身、生活服务、出行、交通运输、地产建筑、生产物流、农林牧渔、宠物、搞笑、家居家装、母婴、婚嫁、职能、其他、媒体等 30 个大类以及诸多细分垂类。

图 2-9　小红书身份、学校信息编辑

我们可以选择其中的任意两个职业，但是要注意，这两个职业要和小红书账号产生强关联且具备真实度。以我为例：我选择了教育博主和互联网运营，教育博主主要教大家如何通过小红书变现，而互联网运营包括但不限于小红书等多品牌多类目的账号运营模式教学。

同时大家在选择对应属性的职业后，一定要在"展示身份"标签处选择"展示"，学校也是同理。如果我们的学校本就有特色或相关辨识度，比如北大、清华，则可以一键选中，但如果非北大、清华高校学生建议大家如实填写即可。

2.5　账号背景图：实力、趣味、美观三要素

我们点击小红书后台主页，点击"编辑资料"，下滑点击"背景图"按钮，此时会直接跳转到我们的手机相册，我们需要提前把小红书的背景图准备好，然后一键替换即可。

要注意小红书背景图比例限定在 4∶3 之间，尺寸不做限制。

小红书账号背景图三要素，如图 2-10 所示。

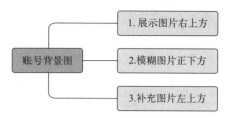

图 2-10 小红书账号背景图三要素

背景图会根据我们主页展示信息的多少，产生轻微的拉伸或剪裁，所以我们要找到背景图的不变位置，这个不变位置是我们设计的关键。背景图的右上角，是默认的最佳展示区，图片的底部会模糊或与下方的"关注""粉丝""获赞""收藏"等终端按键重叠，所以在背景图设计过程中，尽可能把重要内容放在图片的右上方。

同时，如果背景图选择黑色色调或灰色色调，则无法与主界面区分开，建议选择灰色背景的白色色调或灰色背景的黄色、红色色调。在右上角处填写关键信息，在左上角处做关键信息补充，效果更好。

在背景图中可以展示以下三要素，如图 2-11 所示。

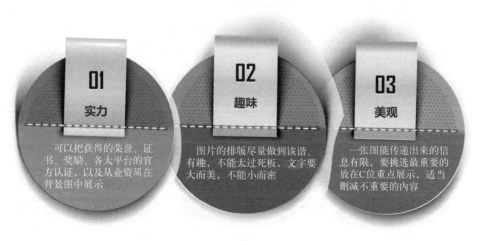

图 2-11 背景图展示三要素

2.6 DeepSeek 辅助账号搭建全流程

在本小节，我们将会借助 DeepSeek 人工智能软件，辅助生成账号昵称和简介。

对 DeepSeek 输入：

> 我想给运营的小红书账号起账号昵称和写账号简介。
>
> 已知账号昵称需要满足五要五不要原则，如下：
>
> 第一，要通俗易懂，不要晦涩难分。
>
> 第二，要大众化，不要明星化。
>
> 第三，要文明化，不要无理、胡搅蛮缠。
>
> 第四，要标记垂类，不要随意取名。
>
> 第五，要人设化，不要泛化。
>
> 账号简介须满足表2-1：小红书简介3W+H原则。【将该原则拍照并发送给 DeepSeek】
>
> 同时，小红书运营赛道为：美妆护肤。
>
> 最好能帮我起一个具备 IP 属性的艺名，并且将艺名融合在小红书的账号昵称中。

DeepSeek 输出：

> 根据您提供的小红书运营规则和赛道定位，结合 IP 属性需求，为您设计如下方案：
>
> 账号昵称设计方案（五要五不要原则）
>
> 推荐名称：

"美妍成分说""配方师小妍"

设计逻辑：

1. 垂类标记：直接嵌入"美妍""成分""配方师"等美妆赛道关键词。

2. IP 人设化：通过"小妍"建立拟人化形象，强化记忆点。

3. 规避雷点：无生僻字、明星名、负面词，符合大众化＋文明化要求。

备选方案：

护肤侦探阿琳、实验室 CC 姐、配方师美娜

账号简介模板（3W＋H 原则）

Who：

"10 年美妆研发工程师|成分骨灰级玩家"

What：

"专注敏感肌护肤难题、专治无效化妆"

Which：

"拆解 200＋爆款配方、自费实测 300 瓶精华"

How：

"手把手教你用对成分，低成本养出妈生好皮！"

IP 属性强化技巧

1. 视觉统一：头像使用插画风"白大褂＋显微镜"职业形象。

2. 内容标签：固定使用 # 成分避坑指南 # 实验室机密等系列话题。

3. 人格化表达：文案中高频出现"小妍建议""本配方师亲测"等第一人称话术。

调试说明：

① 小红书简介 3W＋H 原则属于通用原则，我们只需要把该原则拍照，并上传

到 DeepSeek 的附件中，即可帮我们生成小红书简介。

②五要五不要原则需要我们提前整理，把整理好的原则统一投喂给 DeepSeek。

③其余内容完全复制上方的调试指令即可生成小红书的账号昵称及账号简介，如果对账号昵称不满意，可以单独调试，让 DeepSeek 一次性输出 5～10 个账号昵称供我们挑选。

七大基础赛道快速布局，发掘你的内容方向

我把小红书目前市面上的所有赛道归类为"七大基础赛道"，理论上来说，只要希望通过小红书搭IP、做人设、搞兼职副业，就会涉及这些方向。

3.1　情感励志向：提供情绪支持，你就是最好的博主

情感博主理论上只要满足以下两个关键点就可以快速把账号做起来，分别是情绪价值和内容共鸣。

我们举案例如下，你认为下方四个选项中哪一类选题最不符合情感励志向：

A.鉴渣指南，千万不要跟这三种男生谈恋爱！

B.鉴渣直男，千万不要跟这三种女生谈恋爱！

C.千万不要等结完婚才发现自己嫁错了人！

D.夫妻生活可能存在的矛盾和危机

我们按顺序来分析一下，选项A和选项B属于同类选题，三种男生或三种女生属于留钩子、做伏笔，能够吸引读者阅读兴趣；选项C属于预设选题，假定你这样做会带来可怕后果，我们需要提前规避；选项D则属于科普选题，在这4个选题中，D最不符合情感励志向，因为其缺少内容共鸣。

情绪价值包括哪几类？见表3-1。

表 3-1　情绪价值分类

情绪价值分类	
引领型价值	通过专业角度提供专业的解决方案，帮助我们解决实际问题
认可型价值	认可你现在做的事情，认可你的价值观，并提供积极健康向上的评价和鼓励
疗愈型价值	帮助你疗愈悲伤、忧愁、痛苦的情绪
陪伴型价值	在你想去完成某件事情时，配合帮助你，不局限于工作学习，也包括日常生活
体验型价值	带你体验新鲜事物，带你拓宽眼界
托举型价值	通过放低身段，来让粉丝相信自己做的事情很有价值，让粉丝增强自信
宝藏型价值	不断分享提高生活幸福指数的技巧和方式

而内容共鸣原则上可以通过两种方式来快速打造，即"贴标签和扩大覆盖面"。

为了便于大家理解，接下来我们直接上案例。请问以下三个选题哪一个最能引起读者共鸣？

选项 A：晓明学习成绩很差，父母应该怎样做？

选项 B：晓明在小学学习成绩差，父母这样做能快速提升成绩！

选项 C：中小学生成绩突然下滑，父母只需完成这四步，孩子学习成绩显著提升！

答案很明显，选项 C 最能打造共鸣。

我们从上往下按顺序来拆解，选项 A 只提出了学生的名字——晓明，以及学生的父母，压根没有贴标签，晓明是哪一个学校的？是什么阶段的学生？读者对此不清楚。不清楚就意味着不会去在乎，不在乎就意味着不关注。

而在选项 B 中，我们给晓明贴上了小学成绩的标签，但晓明也在标签里，这个标签的覆盖面相对较窄，虽然有一定的读者阅读率，但爆款概率不高。在选项 C 中，我们直接把晓明的标签剔除，把小学学习成绩替换成中小学生成绩，尽最大可能扩大覆盖面，增加爆款概率，如图 3-1 所示。

图 3-1　情绪共鸣拆解

3.2　高能素材向：热点专属创作，注意规避风险

高能素材可以简单理解为时事热点，但并不是每一个时事热点都可以创作。我们把可创作的时事热点一共分成了如下七类，见表 3-2。

表 3-2　可创作的七类时事热点

娱乐、明星话题	要确保与明星相关信息的真实性，防止因创作虚假内容而收到律师函
非敏感突发性话题	某些企业家突然捐款、某些明星突然开演唱会、某些地方突然举办某些娱乐性活动等非敏感选题均可操作
当地非敏感热点话题	当地商超举办大型折扣活动，某些明星突然空降某地参加相声、小品、歌舞演出等
原生家庭话题	突然爆火的与原生家庭相关联的热点内容，包括但不限于父母与子女的矛盾、父母对子女的爱与支持

续表

夫妻情感话题	夫妻意外走红，两性情感话题，包括但不限于夫妻之间可能存在的矛盾或夫妻之间的爱与包容
道德素质关联话题	突然爆火的与个人相关的道德素质问题，比如公交车上让不让座的问题、老人过马路扶与不扶的问题
节假日关联话题	每一个大型节日背后的文化底蕴、风俗习惯或各类活动

高能素材可以简单理解为这类素材在某个时间段突然引起了大量人群的关注。站在平台的角度分析，关注人群多了，平台给予的流量就多，我们如果能抢到第1波流量，那带来的数据和收益将是非常可观的。但是，并不是每一类高能素材都可以去用，原则上在小红书创作高能素材相关的图文笔记、视频、直播内容时，要规避以下几个方向，如图 3-2 所示。

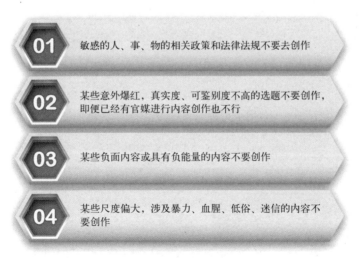

图 3-2　规避方向

3.3　实用技巧向：让观众认为你"值得"

"实用技巧"可以简单理解为"看了就会、听了就懂、马上实操、轻松搞定"，只要按照这16字箴言去创作，就一定能带来读者群体，哪怕是"小众赛道"。

举例如下，以下4个选项中哪几类选项符合实用技巧的创作模式？

选项A：Excel表格实操大全，帮你节省大量时间！

选项B：PPT一键美化，5分钟做出100份！

选项C：专属于你的47份减肥餐，吃完就能瘦！

选项D：67个工作技巧，让你快速提升工作效率！

不难发现，A、B、C、D全部符合实用技巧的创作模式。当我们看到这样的小红书笔记时，先不论笔记内容、可读性高低、真实性与否，单看笔记的封面就很容易被吸引进来。我把实用技巧项分为以下六类，见表3-3。

表3-3　实用技巧的六项分类

测评类笔记	所有涉及数码、美食、家居、装修等日常生活中各类与衣食住行强相关产品的测评，都属于实用技巧项
教程类笔记	让萌新小白快速上手实操，且能形成体系的知识
合集类笔记	各类电影合集、电视剧合集、搞笑段子合集，提供给有需要的读者群体
科普类笔记	给读者解决日常生活的疑惑，包括但不限于：灯泡为什么通电发光？太阳为什么东升西落？
兼职副业笔记	帮助读者群体打造兼职副业，赚取第二桶金
读书笔记	帮助读者了解读书带来的个人成长或兼职副业模式，包括但不限于拆书稿、荐书稿、书评、读书带货等相关内容

所谓的实用技巧向总结起来就是一句话：你值得！

只要让读者觉得"你值得"，那么潜意识里就会信任你，并成为你的黏性粉丝。打造让读者信任的账号有三点建议，如图 3-3 所示。

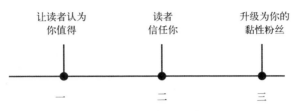

图 3-3　打造读者信任的账号

3.4　省时盘点向：高质量低时长的独特体验感

省时盘点可以简单理解为：我们花费大量时间去了解或探索某一个领域，然后用最精简的语句、最短的时长，给读者群体展示事情的全部面貌。

举例如下，以下四个选项中哪一类最符合省时盘点的创作模式？

选项 A：你最喜欢看哪一部电影？

选项 B：这四部电影，最适合时间宽裕的时候去看

选项 C：这六部电影，能给你的心灵带来最大冲击

选项 D：当你心情低落时，要看这 50 部电影，会给你带来很大帮助

除选项 A 外，选项 B、C、D 都符合省时盘点的创作模式，但无疑选项 D 是最适合的，我把省时盘点向分成了以下七类，见表 3-4。

表 3-4　省时盘点的七项分类

美妆穿搭类盘点	市面上常见的美妆、穿搭、好物推荐，通过横向对比的方式，帮助用户做出最适合自己的选择
科普教育类盘点	日常生活常见的科普答疑，通过快问快答的方式，让读者在最短时间内学到最多的科普知识

续表

兼职副业类盘点	通过横向对比市面上的兼职副业模式,来给予新人意见和建议
个人成长类盘点	主动挑起话题,比如:低落时做这6件事、开心时做这8件事、颓废时做这10件事,让读者快速成长
影视剧盘点	横向对比同类型电影题材,或纵向对比某一题材电影过去这些年的口碑变化
两性情感家庭类盘点	处理家庭矛盾的小妙招、夫妻生活小建议、子女教育的窍门等
生活实用类盘点	家庭装修小技巧、生活省钱小妙招等

省时盘点向的核心标准只有一个,那就是尽一切可能帮助读者群体节省时间,这样的视频内容自然会得到读者的点赞、评论、转发。

3.5 趣味生活向:户外工作博主的变现利器

趣味生活向的博主,不需要多高的拍摄技巧,甚至不需要了解小红书的运营逻辑,但是对职业要求的标准极高。

为了便于理解,下面列出四种工作生活方式,看看哪一类最适合做趣味生活向的赛道。

第1种工作方式:专职作家。平日里在家码字,一天工作时间超过15个小时,辛苦写作却仅获得微薄的收益。

第2种工作方式:外卖骑手。每天接送外卖的单量在100单左右,见到各种暖心事和奇葩人。

第3种工作方式:画家。平日里在自己的办公室写写画画,每5个月左右画出一幅成品,市场售卖价值超过5万元。

第 4 种工作方式：导游。每两天接一个团，带游客游览祖国的大好河山。

很明显第 2 种工作方式和第 4 种工作方式是最适合做趣味生活向博主的，因为他们每天要处理不同的人、事、物，这是做趣味生活向最核心、最关键的一点。

作为趣味生活向的博主，不能每天生活在一个相对枯燥的环境中，也不能每天重复同样的工作，内容要让读者有眼前一亮的感觉。所以我把趣味生活向分成了以下三大类，见表 3-5。

表 3-5　趣味生活的三项分类

与人沟通类博主	外卖骑手、快递派送、派单小哥、出租车司机、导游等，工作环境不固定、每天与大量人群交往接触的博主
与事沟通类博主	律师、心理咨询师、心理疗愈师、职场专家等虽与人沟通，但主要针对具体事项且要在具体事项上给予支持、建议或指导的博主
与物沟通类博主	文物收藏家、历史文化类的研究学者，虽然与人、与事沟通，但具体针对某一件物品，并且能给予答疑解惑的博主

无论是与事沟通的博主，还是与物沟通的博主，终究离不开与人沟通。所以，根据创作风格，我将趣味生活向的与人沟通又分为两类，分别是："疗愈类博主"和"争执类博主"。

以外卖小哥为例，假定相关信息如下：

我是一名外卖骑手，购买并阅读了刘丙润老师的小红书书籍之后，决定去做一名小红书博主，通过视频的方式记录我作为外卖员一天的日常。

外卖骑手一天接触的顾客少则三五十人，多则一二百人。我们接触到的人未必都是好人，我们做的事也未必都是好事。同理，我们接触到的人也绝不可能都是坏人，我们做的事也绝不可能都是坏事。那么，在镜头之下的表达就有区分了。如果我们通过镜头去表达一位外卖骑手如何与顾客互相尊重、互相支持、互相帮扶。顾客为了骑手着想，节省骑手时间，主动在电梯旁等餐；外卖骑手为顾客着想，哪怕地址是7楼以上，外卖员也主动去送，还帮人家把垃圾扔掉，这一类型的创作就属于"疗愈类博主"。

同理，外卖骑手想要让顾客在电梯门口等待，但顾客死活不同意，就非得让外卖骑手送到自己家门口，再或者顾客命令外卖骑手帮自己买两条烟，或把门口的垃圾扔掉，但外卖骑手死活不同意，这一类的博主创作就属于"争执类博主"。

争执类博主可能遇到的具体问题，如图3-4所示。

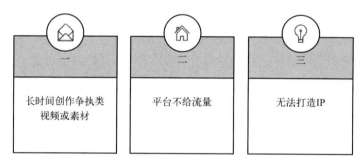

图3-4　争执类博主可能会遇到的问题

必须确定一点，偶尔有争执的视频或素材可行，但如果我们创作的每一条视频都是这样，平台一定不给流量，观众也会怀疑我们的人品，对之后的IP打造没有任何好处。

3.6　国内景点和异国风情向：旅行生活的视觉盛宴

随着经济越来越好，民众对旅游的需求也越来越高。大家对旅游的需求度高，也体现在了各大短视频平台上。讲解国内外的旅游景点以及旅游景点中遇到的人、事、物，这类视频所带来的流量普遍偏多。

出现这种情况的原因也很简单，人们大都喜欢探索未知，对未知的景色、未去过的地方总是充满了好奇。源于此，我把国内景点和异国风情向分成了以下四大类，分别是国内旅行、国外旅行、有特殊意义的景点旅行和旅行科普，见表 3-6。

表 3-6　旅游博主的四个方向

国内旅行	丽江古城、桂林山水、鼓浪屿、八达岭、长城、九寨沟、张家界、故宫博物院等旅游景点的相关介绍
国外旅行	泰姬陵、尼亚加拉瀑布、金字塔等旅游景点的相关介绍
有特殊意义的景点旅行	西安的秦始皇兵马俑、北京的颐和园、南京的夫子庙、洛阳的白马寺、杭州的雷峰塔等具备历史底蕴或其他特殊意义的旅游景点
旅行科普	旅行时的注意事项，包括国内旅行的攻略、国外旅行的特殊注意事项等

旅行不能只局限于美景，还有美景背后的故事，几乎每一个旅游景点的背后都会有与美景匹配的故事，而这个故事可以用在我们的旅行素材中。去全国乃至全球各地旅行的相关素材和视频在小红书，甚至抖音、快手、视频号等平台的流量普遍偏高，如果我们有合适的资源，尤其是工作身份比较特殊，比如导游或其他特殊行业，那么尝试做旅游博主是非常适合的。

3.7　萌宠暖心向：镜头抓拍的技巧是"抓特色"

宠物博主近年来越来越吃香，我把宠物博主的创作方向分为以下四类，见表 3-7。

表 3-7　宠物博主的四类创作方向

宠物博主的创作方向	释义
宠物科普	猫咪是否需要绝育、小狗撕咬家具是怎么回事等与宠物相关的科普
宠物日常 VLOG	拍摄萌宠的日常行动轨迹以及搞怪又有趣的萌宠故事
宠物吃播	专门拍摄萌宠吃饭的动作，剪辑后发布到网上，让宠物来当吃播博主
宠物搞笑整蛊	通过视频剪切或特殊指令，再或者某些萌宠本就非常搞笑，把这些视频剪辑加二次创作，来塑造萌宠的搞笑设定

萌宠暖心向的宠物美和丑不重要，但必须要有特色。需要注意的是，部分博主在早些年创作萌宠视频时，为了达到萌宠上镜的效果，存在针扎动物或其他虐待动物的方式，这是绝不可取的。一旦这样的事情暴露，很容易引起读者反感，轻则账号封禁，重则带来其他的恶劣影响。

我们饲养宠物并且愿意把宠物当作自己的家人、朋友来陪伴，那么就需要好好待他们，不能因为上镜问题，给萌宠带来伤害。

上面的七大赛道可以拆分出诸多小赛道或创作垂类，原则上说，想要短期内快速在小红书上出成绩，要尽可能往这七大基础赛道靠拢，但小红书创作绝不仅局限在这七大基础赛道。

3.8　DeepSeek 辅助挑选赛道

前面讲解了七大基础赛道，但很多读者小伙伴并不清楚该选择哪一赛道搭建小红书账号，在这里给大家配套一份基础指令调试模板，让人工智能辅助我们做赛道挑选。

身份信息 + 兴趣专长 + 专业技能 / 经验 + 倾向创作类型 + 是否展示个人形象 + 小红书运营主要目标 + 小红书运营投入时间精力预估 + 其他补充

为了便于大家理解，我们直接上案例，对 DeepSeek 输入：

已知小红书七大基础赛道分别为：情感励志、高能素材、实用技巧、省时盘点、趣味生活、国内外景点、萌宠暖心。

我想在短期内把小红书账号运营起来，请依据我给你提供的个人信息表，帮我挑选出最合适的小红书赛道。

身份信息：性别男，年龄 29 岁，企业老板；

兴趣专长：制作美食、饲养宠物、玩大型游戏；

专业技能 / 经验：自媒体讲师、企业运营；

倾向创作类型：口播类短视频；

是否展示个人形象：是；

小红书运营主要目标：打造个人 IP，并持续变现；

小红书运营投入时间精力预估：每天最多一个半小时；

其他补充：国内外景点赛道暂时不考虑。

DeepSeek 输出：

根据您的个人信息和运营目标，推荐主攻"实用技巧"赛道，并辅以"趣味生活"元素增强人设亲和力。以下是具体方案：

核心赛道选择：实用技巧

定位：

「企业老板视角的轻创业 & 自媒体运营指南」

契合点分析：

1. 身份优势：29 岁企业老板身份自带权威性，符合小红书用户对"实战派导师"的期待。

2. 技能匹配：自媒体讲师经验可输出剪辑、起号、变现技巧，企业运营知识能延伸职场管理干货。

3. 效率适配：口播类视频制作耗时少（脚本撰写＋拍摄可在1.5小时内完成）。

内容矩阵设计

内容类型	示例选题	变现衔接点
硬核方法论	《中小企业主做自媒体的3个降本技巧》	私域引流/付费咨询
行业洞察	《2024年小红书美妆赛道起号逻辑》	行业分析报告售卖
人设强化专题	《老板的碎片时间管理术》	时间管理课程
趣味穿插内容	《公司团建必学的5道快手菜》	厨具/食材品牌合作

差异化运营策略

1. 视觉符号化：

固定场景：办公室书架背景＋商务休闲着装；

标志动作：结尾扶眼镜说"商业逻辑，就是这么简单"；

2. 宠物经济借势：

拍摄间隙插入宠物互动花絮（如猫趴在笔记本电脑上），既符合"饲养宠物"兴趣，又能增加账号温度和广告植入场景（宠物用品合作）；

3. 游戏化表达：

用"BOSS通关"比喻商业决策，例如：《用＜文明6＞策略思维搞定员工管理》；

执行优先级建议

1. 第一阶段（1-2 个月）：

集中发布"自媒体运营技巧＋轻创业案例"，快速树立专业 IP 形象；

2. 第二阶段（3 个月＋）：

引入"老板的趣味生活"系列（如《百万营收公司的减压游戏清单》），提升用户黏性后开通商品橱窗；

3. 变现组合：

知识付费（占 60%）＋品牌定制内容（30%）＋橱窗带货（10%）。

调试说明：

第一点，在调试时，务必把本书中讲解的七大基础赛道投喂进去，并要求 DeepSeek 在这七大基础赛道中选择其中一项赛道。

第二点，在填充个人信息时，宁多勿少。填充的个人信息越多、越精准，越有利于 DeepSeek 辅助我们选择赛道。

内容选题技巧：
借助 DeepSeek，
尝试创作第一份笔记

当我们做好小红书定位并且搭建好账号后，就要尝试创作第 1 条小红书笔记了。第 4 天，我们不仅要开始创作小红书笔记，还要借助人工智能实现高效便捷的批量创作。接下来给大家讲解人工智能辅助小红书创作，以 DeepSeek 人工智能为主，其他人工智能为辅。理论上来说，其他人工智能能够实现的内容调试，在这款人工智能中也可以实现。

4.1　用 DeepSeek 扩大覆盖面：讲大多数人经历的

假定真实案例如下：

王小二在上小学四年级，学习成绩由原先的班级第二名变成了全年级倒数第一，父母该如何给孩子做疏导，让孩子的成绩提升？

如果以这个案例作为素材创作小红书笔记是很难获取流量的，因为太普通了，很难吸引读者兴趣。所以我们需要借助 AI 帮助我们扩大覆盖面。

如何扩大覆盖面？理论上来讲，是由原先的小事件、单一事件、特殊群体事件平移到大事件、具备典型性的事件和多数人经历过的普遍性事件中来。

即：

"个体事件转变为集体事件"

"特殊事件转变为普遍发生事件"

"普通事件转变为重要事件"

所以当我们由点到面，扩大覆盖面之后，会使单个个体的特殊事件转变为集体的普遍性事件。这种情况更容易打造读者共鸣，也更能推动小红书笔记的爆款概率。

我们对 DeepSeek 输入：

请针对上方选题，按照扩大覆盖面的方式，帮我重新生成一份小红书爆款笔记的题目。

DeepSeek 输出：

四年级成绩暴跌真相：90% 的家长正在用"鼓励式教育"毁掉孩子！

（数据锚点＋反常识结论＋集体危机暗示）

标题优化逻辑拆解

用户原事件	改造策略	改造后效果
个体事件：王小二	集体化：四年级学生	覆盖全国家长焦虑群体
特殊现象：倒数第一	普遍化：成绩暴跌	引发我家孩子也退步了的联想
普通辅导问题	重要化：毁掉孩子	升级为教育理念层面的生存危机

我们继续举案例如下：

请按照扩大覆盖面的方式，将下方选题重新生成一份小红书爆款笔记的题目。

王老二在公司工作时不容易被公司领导点名批评或表扬。应该做哪些事情来补救自己的职场前途？

DeepSeek 输出：

爆款标题模板

「警惕职场透明人陷阱：越守规矩的打工人，越容易被踢出晋升名单！」

（身份标签化＋反直觉结论＋集体危机暗示）

标题优化逻辑拆解

用户原事件	改造策略	改造后效果
个体事件：王老二	集体化：90% 的打工人	覆盖职场基层群体
特殊现象：不被批评	普遍化：守规矩、透明人	映射"努力却无存在感"的职场常态
普通职业发展问题	重要化：踢出晋升名单	升级为职业生涯存亡危机

4.2　用 DeepSeek 做同理心分析：精准捕捉大众热议话题

同理心分析可以简单理解为打造共鸣，即"把一件事情说到读者的心坎里"，让读者认可你的观点。我总结的同理心公式如下：

同理心搭建＝了解目标受众＋选择共鸣主题＋第一人称叙述＋故事真实度＋情感化语言＋引发思考和讨论＋持续互动

尤其注意，第一人称叙述是同理心搭建的重要前提。

我们继续假定案例如下：

张三学习成绩不好，心情受挫，向我寻求帮助，我给予建议。

对 DeepSeek 输入：

> 请针对上述案例，使用同理心搭建公式，帮我生成一份小红书笔记，要求字数不得超过 500 字。

DeepSeek 输出：

> 标题：
>
> 《从年级垫底到重回前三 | 一个差生的崩溃自救指南》
>
> 正文：
>
> （配图：深夜书桌＋揉皱的试卷特写）
>
> 「凌晨 2 点，我收到一条带着哭腔的语音：
>
> "姐，我这次又考了倒数……是不是真的没救了？"
>
> 这个叫我姐的男孩叫张三，半年前还是班里前 10，现在数学居然只考 38 分。
>
> （插入聊天记录截图：满屏的"我学不会了""同学都在笑我"）
>
> 看着他发来的错题本——那些被泪水晕开的笔迹，我突然想起 17 岁的自己。当年我也在重点班吊车尾，整整三个月不敢看排名表……
>
> 但我想说：成绩暴跌从来不是末日，而是大脑在发出求救信号！
>
> （转场动画：碎裂的成绩单重组为阶梯）
>
> 上周我带着他做了 3 件事：
>
> 1. 撕掉"差生"标签：把"数学废物"便利贴换成"驯服公式中"。

2.建立错题血条制：每消灭5道同类错题，奖励一局王者荣耀。

3.发明45°学习法：学25分钟→暴走5分钟→躺平15分钟（亲测防崩溃）。

（插入对比图：38分→72分试卷＋游戏段位截图）

今早他兴奋地告诉我："原来解不开题的时候，不是我不配努力，而是努力的方式配不上我！"

如果你也在经历：

明明很努力却越考越差、害怕听到"下次加油"、开始怀疑自己智商，请在评论区扣1，揪20个宝送《学渣逆袭手册》！

我想听见你们的故事：

你用过最奇葩的解压方式是什么？我在高三那年……（下期揭晓）

4.3 DeepSeek驱动热点内容迁移：打造紧跟潮流的爆款内容

假定热点案例如下：

王小二上小学四年级，学习成绩由原先班级第二名变为全年级倒数第一，父母采用了"4+6+2教育法"，让孩子成绩短期内提升到了年级第一名，一时间引起网络舆论的轰动，各大媒体争相报道。

热点迁移的本质是把媒体期刊中重点爆料的非敏感内容，单独拎出来创作出符合我们体裁的小红书笔记。

公式如下：

热点迁移＝热点事件＋事件正面引导＋其他案例拆解＋解决方案提供＋核心内容总结

为避免歧义和不合理的家庭教育模式，"4+6+2教育法"为我杜撰的，各位家长不要效仿！

我们对 DeepSeek 输入：

请针对上述热点事件，帮我做一篇符合热点迁移的小红书笔记。其侧重方向在于普通人如何借鉴王小二父母的教育模式，让孩子的成绩短期内得到提升？

DeepSeek 输出如下：

标题：

《抄作业成功！普通家长用王小二同款"4+6+2 教育法"，30 天让孩子冲进班级前 3！》

正文结构

热点事件还原（配图：新闻截图 + 成绩对比图）

"全网刷屏的'王小二逆袭事件'：

四年级学生从年级倒数第 1 逆袭年级第 1，父母自创的'4+6+2 教育法'引发百万讨论！

作为教育博主，我连夜拆解了这套方法论，并找到 3 个普通家庭实测——结果让人震惊！"

正面引导（配图：家长群聊天记录）

"争议点预警：有人质疑'短期提分是压榨孩子'，但接触过案例后发现：王小二父母是教师 + 心理咨询师组合，'4+6+2 教育法'的本质是用游戏化思维重建学习系统。（非盲目刷题！普通人也能复刻精髓）"

案例迁移拆解（配图：时间轴对比图）

案例 1：北京朝阳区李妈妈（普通文员）；

困境：儿子数学从 90 分暴跌至 52 分；

改造重点："4 项底层逻辑"

① 把"错题本"改为"BOSS 通关手册"；

② 用"段位制"替代分数排名（青铜→王者）；

③ 设立"叛逆特权卡"（完成目标可拒绝补习班 1 次）；

④ 每天 15 分钟"废话时间"（只聊学习外的故事）；

30 天后：

数学 78 分→班级第 5 | 主动要求加练错题

普通人适配方案（配图：**工具包清单**）

重点提取 6 个可复制动作：

1. 设立"进步可视化墙"（贴满知识点便利贴，撕一张＝掌握一个）

2. 设计"学习能量条"（每学 25 分钟积 1 格，攒满 3 格兑换游戏时间）

3. 开发"错题复活赛"（周日晚 8 点直播抽题，答对即销毁该错题）

4. 发明"45° 沟通法"（不谈成绩，先聊 15 分钟奥特曼 / 芭比）

5. 配置"紧急后悔药"（考砸可申请 1 次成绩删除权）

6. 启动"家庭夸夸日"（每周六晚必须互相夸赞 3 个具体进步）

核心心法总结（配图：**思维导图**）

普通家长请死磕 2 条原则：

1. 用"游戏规则"替代"教育命令"。（孩子反抗的不是学习，而是失去掌控感）

2. "60 分家长"比"满分家长"更有效。（适度留白才能激发自主性）

行动号召

正在为孩子成绩焦虑的家长，请举手，评论区扣"逆袭"，免费领《4+6+2 教育法实操手册》电子版！

下期预告：我用这套方法改造老公，他竟从摆烂员工升职主管……

4.4　DeepSeek 打造专业内容：构建权威令人信服的话题

在本小节，我们会用到人工智能的检索能力。案例如下：

孩子中小学学习成绩不好，父母该怎样做来尽可能提升孩子的学习成绩？

对 DeepSeek 输入如下内容：

提升孩子学习成绩，有哪些专业技巧和方法？请帮我检索资料做总结。

DeepSeek 输出：

以下是基于教育心理学、认知科学研究和教学，在实践中总结的提升孩子学习成绩的专业方法，分为核心策略、认知工具、家庭支持系统三大模块：

一、认知科学验证的 7 大核心学习策略

主动回忆法

操作：学完知识点后立即闭书自测（如用白纸默写框架）；

原理：通过提取记忆强化神经连接（比重复阅读效率高 50%+）；

间隔重复

工具：Anki 记忆卡片，按 1/3/7/15 天规律复习；

数据：能提升长期记忆留存率至 80%（对比集中复习的 20%）；

费曼技巧

步骤：学习→用小白语言讲解→发现漏洞→重新学习→简化类比；

效果：加州大学研究显示，该方法使数理成绩平均提升 34%；

交错练习

案例：数学练习时混合代数／几何题，而非按单元集中训练；

优势：促进大脑建立深层联系模式（JEE高分考生常用策略）；

元认知训练

方法：每天记录"3个学会／2个疑问／1个策略调整"；

作用：哈佛研究证实可提升标准化考试成绩15%～25%；

双编码理论

实践：将文字信息转化为思维导图＋关联图像（如用火山图记化学反应）；

效益：多伦多大学实验显示记忆效率提升55%；

刻意错误法

操作：故意写出错误答案并分析，如"为什么2+3 ≠ 6？"；

原理：通过错误强化正确认知边界（MIT认知实验室推荐）；

二、教育心理学支持的心智建设工具

成长型思维训练

话术改造：把"我数学不好"改为"我暂时没找到数学的解锁方式"；

数据：斯坦福研究显示，持续训练可使学业进步速度提升40%；

成就事件簿

方法：每天记录3件"微小成功"（如解出1道昨日不会的题）；

作用：激活基底神经节奖励回路，形成学习正反馈；

压力重构训练

技巧：考试前让孩子写下"焦虑清单"并标注可控不可控项；

效果：芝加哥大学实验表明可降低考试失误率22%；

目标颗粒化技术

案例：将"提高数学成绩"分解为"每周攻破 2 类错题"；

原理：符合 SMART 原则的目标完成率高出普通目标 3 倍。

我们可以借助 DeepSeek 生成的专业信息内容，做小红书笔记的内容填充。但是要注意：当我们借鉴这些生成的图文笔记时，千万不要复制粘贴，要保证图文内容的原创性。

内容运营技巧：
了解小红书的三种运营模式

小红书运营的第 5 天，我们来详细了解该平台的运营技巧。想在短时间内掌握小红书的所有运营技巧不太现实，但只要摸透三个方向的运营技巧，就基本玩转小红书平台了。这三个方向分别是：图文的排版技巧、视频的剪辑技巧和直播的运营技巧。

5.1　图文排版拆解：借助 DeepSeek 软件事半功倍

小红书图文笔记分两个板块："图片"和"文字"。小红书图文笔记的图片上限调整到了 18 张，这意味着我们可以通过更多的图片来提高用户的停留时长。

所以，小红书的图片笔记如何设计变得至关重要。下面给大家设计了 4 组图片，如图 5-1、图 5-2、图 5-3、图 5-4，大家来看一看哪组图片更适合当小红书图文笔记的首图？

很明显，最后一张图是最合适的，因为它带来的视觉冲击最大，而且色彩搭配也非常不错。目前，市面上关于小红书图文笔记的封面配图排版教程有 40 种以上，创作者并不需要掌握那么多，只需要牢记以下口号即可。

打工人手册
Worker's
Handbook

打工心态
要放好*

经常生气
会变老*

≫≫≫————2023

图 5-1　图文笔记案例 1

打工人手册
Worker's
Handbook

___

打工心态
要放好*

___

经常生气
会变老*

≫≫≫————2023

图 5-2　图文笔记案例 2

打工人手册

你需要这
样做！

图 5-3　图文笔记案例 3

打工人手册
Worker's
Handbook

打工心态
要放好*

经常生气
会变老*

≫≫≫————2023

图 5-4　图文笔记案例 4

大字放抬头，内容要居中。

配图两边倒，对称最要好。

字体要合适，不要大或小。

色彩要米黄，不要纯黑红。

内容要柔和，构图最重要。

我们很难拿捏住每一个人的审美点，不求多么讨喜，但最起码不让读者反感，如图 5-5 所示。

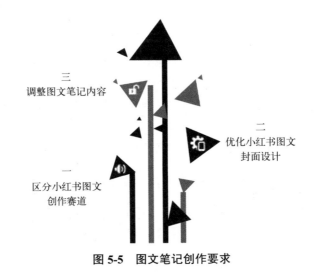

三
调整图文笔记内容

二
优化小红书图文
封面设计

一
区分小红书图文
创作赛道

图 5-5　图文笔记创作要求

同时，小红书图文笔记如果做个人励志、减肥博主、美妆博主、护肤博主、穿搭博主，可以将首图竖切成两张，左右两侧分别为减肥前后、穿搭前后、护肤前后的对比图，更能吸引读者。

小红书的封面设计有专业的设计软件，下面推荐几款，大家可以自由选择。

创客贴、醒图、黄油相机、可画、图怪兽、简拼等。

我设计了两份小红书文字笔记，你认为哪组的文字笔记更适合当文字页？

第一份：

标题:《普通人读书的意义：不仅仅是知识的累积，更是灵魂的滋养》

正文：

Hey！小伙伴们！有没有想过，普通人读书的意义何在？读书，不仅是为了积累知识，更是为了开阔眼界，遇见更好的自己。

它带我们穿越时空，体验多样生活，理解不同观点。

书籍是成长的导师，教会我们面对困难，激发潜能。

它还能在我们感到孤独迷茫时给予我们心灵的慰藉，让我们不再感到孤单。

读书多了，气质会在言谈举止中自然流露，提升自信与魅力。

所以，读书是一场内在变革，让我们的精神世界变得更丰富。一起加油，让阅读成为最美的习惯！

#读书的意义##灵魂滋养#

第二份：

普通人读书的意义：不仅仅是知识的累积，更是灵魂的滋养。Hey！小伙伴们，有没有想过，普通人读书的意义何在？读书，不仅是为了积累知识，更是为了开阔眼界，遇见更好的自己。它带我们穿越时空，体验多样生活，理解不同观点。书籍是成长的导师，教会我们面对困难，激发潜能。它还能在我们感到孤独迷茫时给予我们心灵的慰藉，让我们不再感到孤单。读书多了，气质会在言谈举止中自然流露，提升自信与魅力。所以，读书是一场内在变革，让我们的精神世界变得更丰富。一起加油，让阅读成为最美的习惯！#读书的意义##灵魂滋养#

很明显，第1份远比第2份更具可读性。

同理，我也编了一段顺口溜：

> 短句短段是关键！
>
> 表情多多加趣味，话题标签别忘添。
>
> 结尾引导共鸣起，正能量满满最讨喜！

5.2　视频剪辑技巧：DeepSeek 和傻瓜软件一键生成

在本小节中，我们使用的软件是 DeepSeek 和剪映！ DeepSeek 负责帮我们生成视频文案，剪映负责一键成片。

我们暂定选题如下：

普通人读书的意义是什么？

对 DeepSeek 输入：

> 请针对上述内容，帮我生成一份小红书视频的文案，要求如下：
>
> 第1点，要求语言口语化。
>
> 第2点，要有人物案例。
>
> 第3点，总字数不得超过 500 字。
>
> 第4点，可读性、趣味性要强。
>
> 第5点，文案结尾要有互动性，引导读者评论。

DeepSeek 输出：

> 《读书没用？小镇女孩靠读书逆天改命的故事！》

姐妹们！今天必须唠个扎心话题——咱普通人读书到底有啥用啊？

我闺蜜小雅，小镇出身三本毕业。当年回老家当文员月薪 2800，亲戚都说："读那么多书有啥用？不如早点嫁人！"

结果你猜怎么着？这姐们儿每天雷打不动读书 2 小时！从《小说课》读到《故事》，硬生生把编剧技巧啃透了。去年她写的小说被影视公司看上，现在一集剧本费顶过去半年工资！

读书最狠的是什么？是让认知迭代啊！以前她觉得人生就该在小镇相夫教子，现在能跟北京编剧圈谈笑风生。这不就是读书给的底气吗？

重点来了：读书不是让你马上暴富，是给你更多选择权！就像打游戏开全地图，别人还在新手村转悠，你早就解锁隐藏关卡了！

举个例子：读《非暴力沟通》治好了我同事的社恐；读《小狗钱钱》让月光的表弟两年存出房子首付。知识这玩意儿，指不定哪天就原地螺旋起飞！

最后灵魂拷问：你最近读的哪本书，让你感觉"哇，还能这样"？快来评论区 battle 书单！下期揭晓我的年度 TOP3 救命书单！

我们打开电脑端剪映，点击中间位置"图文成片"按钮，点击"自由编辑文案"，将上述文案复制到编辑栏中，选择合适的配音，一键点击生成视频，可以选择智能匹配素材，也可以使用本地素材或智能匹配表情包，如图 5-6、图 5-7、图 5-8、图 5-9 所示。

在生成视频时，我们需要选择尺寸比例。

在小红书创作服务平台，创作功能的"视频笔记"界面，对视频笔记的尺寸有相关要求，包括但不限于支持拍摄 9∶16 视频、上传视频支持时长 5 分钟以内、大小不超过 2GB、格式为 MP4；支持小红书视频号作者上传时长 15 分钟以内的视频。

注意：上传的小红书视频最好以竖版为主。

图 5-6　剪映一键生成视频 1

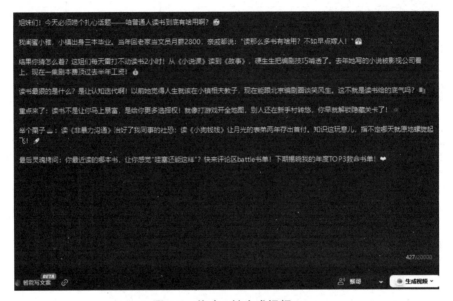

图 5-7　剪映一键生成视频 2

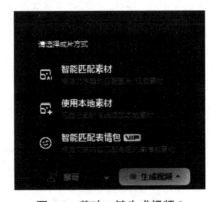

图 5-8　剪映一键生成视频 3

图 5-9　剪映一键生成视频 4

5.3　直播运营:"卖点"最为重要

在第 12 天我会重点讲到小红书的直播间搭建，所以本节先不讲直播搭建的具体技巧，而是讲直播运营过程中的"卖点"，所谓的"卖点"可以简单理解为观众在你直播间，能停留 3 分钟以上的必备技巧，你能够给观众带来什么价值。

我把目前小红书直播的卖点给大家做了总结分类，大家可以对照一下，见表 5-1。

表 5-1　小红书直播卖点分类

个人魅力卖点	在直播间中展现自己的幽默感，与粉丝真诚、友好互动，包括但不限于表演相声节目、小品节目、魔术节目等，通过颇具才艺的节目表演，来吸引粉丝观看
知识增量卖点	在直播间中持续输出某一类干货知识，包括但不限于新人如何做好小红书、新人如何通过直播变现、新人如何通过写作变现、新人如何做好兼职副业、新人如何提高某些特殊技能

粉丝福利卖点	在直播间售卖某些极具性价比的产品，包括但不限于专属优惠券、平台福利补贴、大额优惠券、高性价比产品
独特场景卖点	可以搭建特殊的直播间，比如充满科技感的直播间，来营造独特的直播氛围
互动游戏卖点	可以搭建游戏pk类直播间，粉丝只需在评论区回复关键词，游戏中的人物和场景就会发生变化。通过粉丝评论关键词的数量，控制游戏胜败。这一类直播间目前在抖音、快手的游戏直播间中颇为常见，在小红书平台的粉丝受众也越来越多

除了以上五大卖点之外，理论上还有其他的直播卖点，我们不在此做额外阐述，但大家要明白一点：我们的粉丝朋友花费大量的时间来围观我们的直播，必然是因为我们的直播有价值。否则，他们可以把宝贵的时间放在别的地方，所以如何凸显自己的价值，才是问题的核心。

5.4 伏笔和钩子：小红书运营必备技能

小红书笔记中，最重要的是预留"伏笔"和"钩子"！

伏笔，要让读者有期待感，让读者能够观看完我们发布的这条笔记；

钩子，要让读者对这个账号有期待感，看完这条笔记后还要看下一条笔记，成为账号的黏性粉丝。

为了便于大家实操，我把市面上常见的伏笔和钩子的相关话术给大家整理出来，大家在内容创作时可以适当地调整部分话术内容，以期在小红书的图文、视频中起到锦上添花的功效。

伏笔的相关话术。

1. "接下来的内容至关重要，关乎到我们之前讨论的所有要点，请大家务必耐心听完。"

2. "这里有几个关键点，掌握它们将让你的理解更上一层楼，请仔细听我接下来的讲解。"

3. "不想错过精华部分的话，就请紧跟我的思路，接下来的内容绝对值得你一听。"

4. "接下来的几分钟里，我将会逐步揭开问题关键，请务必听完，否则你可能会错过最重要的部分。"

5. "想要真正掌握这个技巧或概念，接下来的讲解是关键，请务必集中注意力，听我细细道来。"

6. "接下来的内容可能会颠覆你之前的认知，但绝对值得一听，请务必保持关注。"

7. "别走开，接下来的几点将是我们这次讨论的关键部分，错过可就亏大了。"

8. "如果你真的想深入了解这个话题，那么接下来的内容你绝不能错过，请务必听完。"

钩子的相关话术。

1.点赞破千，我将会在下一条视频中重点讲解_____！关注我，不错过任何更新！

2.想要了解更多_____？点赞+评论+关注，立刻安排！

3.点赞超千，继续揭秘_____！记得关注我哦！

4.想要更深入地了解_____，点赞破千告诉你！快来关注我，一起学技巧！

5.点赞过千，我将会在下条视频中给大家讲解_____，速来关注，不容错过！

很多内容博主不屑说出这样缺少营养的话术。然而无法否认的是，上面的话术即便只用其中一句，都可能有效带动 10 个以上的点赞量、5 个以上的评论量、3 个以上的关注量，这对我们最开始做小红书显得尤为重要。

等我们的 IP 做大，粉丝数 5 万或者 10 万以上，每条视频稳定在 1000 个点赞以上，就不太需要用这些没有干货的技巧了。但就当下阶段，尤其是我们刚刚运营小红书的时候，还是建议大家能用则用。

另外，上面讲解的所有话术只是锦上添花，想要快速提高粉丝数量，打造 IP，干货输出才是关键。

非 IP 变现模式全流程讲解，找到适合自己的变现路径

在小红书运营的第 6 天，我来给大家讲解非 IP 变现模式的全流程。我把小红书薯店的运营分成了"IP 类"和"非 IP 类"。非 IP 类在第 6 天的第 3 小节中讲解，IP 类在第 10 天进行讲解。

6.1 带货变现：从选品到售卖全流程讲解

本小节先给大家讲解小红书如何实现带货选品，再给大家讲解如何实现产品售卖，以及如何利用人工智能来实现产品的高效售卖。

第 1 步，点击小红书左上角三条横杠，选中"合作中心"；

第 2 步，点击合作中心界面中的"买手合作"；

第 3 步，点击买手合作界面展示出来的"选品中心"；

第 4 步，点击选品中心下方的搜索框；

第 5 步，在搜索框中搜索自己想要卖的产品，并点击"一键选品"。

当我们选中产品后，返回到小红书主页，点击下方的加号，发布内容时可选择视频或笔记带货，如图 6-1、图 6-2、图 6-3、图 6-4、图 6-5 所示。

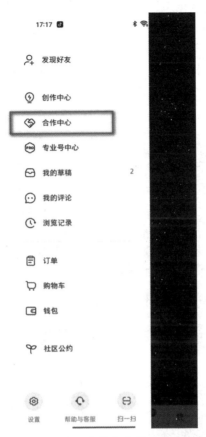

图 6-1　小红书带货选品步骤 1

图 6-2　小红书带货选品步骤 2

图 6-3　小红书带货选品步骤 3

图6-4　小红书带货选品步骤4

图6-5　小红书带货选品步骤5

接下来，给大家简单讲下小红书图文卖货和其他平台图文卖货的三点区别，如图6-6所示。

01. 小红书是天然种草平台，在进行图文卖货时流量极其可观，且基本不会被平台大面积限流

02. 小红书的用户群体已经被培养成型，且属于高阶消费群体，对于高价位的套餐或产品也能够消费得起

03. 小红书图文卖货，不需要过早打造IP，即我们有一个可燃爆的点去打造爆款文案就能够卖出产品，而不是看我们自身IP是否与卖货产品的IP一致，当然如果一致效果更好

图6-6　小红书图文与其他平台图文区别

结合以上三点区别，我总结了小红书卖货爆款文案的五要素：**故事开篇＋名人引用＋属性切入＋促成交＋控评**，原则上这五项缺一不可，如图6-7所示。

故事开篇。通过第一人称的切身体验来展示产品的优势，往往更能引起用户群体的注意，毕竟没什么比亲身体验更值得信赖。所以在开篇的时候，与其用各类官方数据，或者某节目组、某电视台、某新闻通报的文案，倒不如站在消费者

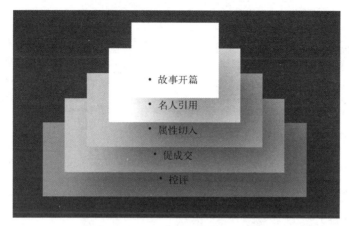

图 6-7　小红书卖货爆款文案五要素

的角度以第一人称给大家讲述购买这款产品带来的生活便利或与其他产品横向对比的优势。

名人引用。无论是哪位明星使用过该产品，还是哪位明星为该产品代言，都是为品牌做背书。名人引用相当于把产品的品牌效应放大一圈，但一定要注意挑选合适且得体的真实名人引用案例，绝不能凭空编造，更不能讲述劣迹艺人使用产品后的体验。同时也要注意把控尺度，防止被明星发律师函。

属性切入。产品的属性是多方面的，比如咖啡的属性是提神醒脑，鼠标垫的属性是摩擦感十足，电脑的属性是性能强，办公桌的属性是舒适简洁质量好。每款产品都有不同的属性切入，我们要自行分辨。

促成交。促成交的方式有六种，给大家总结如下。

其一，优惠折扣。现在买能打8折、7折或6折，以低价方式吸引客户。

其二，套餐促销。把多种客户需要的产品以套餐形式对外展示，引导用户一键下单。

其三，限时优惠设定购买期限。在此期限内购买能享受100～500元优惠。

其四，附加服务。明确告知购买者，购买产品后有额外的产品或服务赠送。

其五，试用服务。用户在购买后5～7天内无理由退货，7～14天内无理由换货。

其六，信任保障。告诉客户产品的保障机制，同时与竞争产品作对比，以列表的形式凸显产品优势。

控评。这一步至关重要，在小红书发表带货的爆款文案，一定会有部分负面评论。如果这部分负面评论具备引导性且让客户失去购买意愿，那么要尽早删除。

好的，接下来我们假定相关信息：

X品牌A系列手机正在促销大卖，已知明星"张三"也在使用该品牌手机，且对该手机赞赏有加。

我们直接对DeepSeek输入：

> 请针对上方信息，帮我生成小红书爆款文案。

测试下人工智能输出小红书爆款带货文案的实际效果。

DeepSeek输出：

> 张三的私藏机被我扒到啦！X品牌A系列这次真的鲨疯了！
>
> 自拍人像自带追光滤镜，游戏开黑全程满血模式，连顶流都在用的神仙机型居然偷偷降价？
>
> 刷到这条的姐妹别犹豫，同款磨砂背壳＋星河屏颜值直接拉满，现在入手还送限量磁吸充电宝！
>
> 打工人早买早享受，错过这波不知道何时才能蹲到活动了～
>
> ＃X品牌A系列手机 ＃张三同款 ＃年度真香机预订

我们按照公式内容做如下信息投喂：

故事开篇：我购买了X品牌A系列手机，电量、像素、信号等方面与其他品牌手机相比，遥遥领先。

名人引用：明星张三也在使用该品牌手机，并且在多档节目当中对该款手机赞赏有加。

属性切入：5G 信号，大容量电池，高清像素。

促成交：现在购买可享优惠 300 元，另赠送充电宝一个。

对 DeepSeek 输入：

请针对上述信息，帮我写一份小红书卖货爆款文案。

DeepSeek 输出：

【标题】

明星张三同款 X 品牌 A 系列手机，职场人的全能搭档：5G、长续航、高清拍摄一机搞定

【正文】

上个月咬牙换了 X 品牌 A 系列手机，终于明白什么叫"用过就回不去"的真香体验。作为经常出差的开会狂魔，这三个功能彻底治好了我的焦虑：

1.5G 信号"地表最强"

早高峰地铁刷方案？高清视频秒加载

地下车库等客户？满格信号秒回消息

山区团建发定位？队友手机已失联，我的导航依然稳如泰山

2.5500mAh 电池安全感拉满

早 8 点满电出门，晚 10 点回家还剩 35%

全天候会议录音＋直播测试，电量焦虑？不存在的

赠品快充充电宝（价值 199 元）直接打包成"续命套装"

---

3. 明星都在夸的影像系统

张三综艺原话:"拍 vlog 比专业设备还出片。"

客户合影原图直出?毛孔纹理都清晰(但贴心保留美颜开关)

文档扫描自动校正,合同细节放大 5 倍依旧高清

【明星效应＋实测背书】

看完张三在综艺节目里用同款手机抓拍雨夜画面,果断跟风入手。实测暴雨天户外直播 2 小时——机身防水扛造,画质照样能打!

【促销锁客策略】

限时直降 300 元,3699 元抄底价(比内部员工日还划算);

【行动指令】

"正在选工作机的宝子,点击左下角"立即预约"锁定优惠——这价格和配置,同事问起请装傻(毕竟货不多啦)"。

DeepSeek 生成的这一部分卖货爆款文案还需我们进行后期调试,尤其涉及手机型号、品牌等一些专业数据,不可以出错,否则就和虚假宣传没什么两样。此外,明星使用某款手机的信息也需要仔细核对相关数据,如果明星没有在公开场合明确表述,一定要慎之又慎,否则很有可能收到明星的律师函。

6.2 商业合作:蒲公英合作全流程讲解

我们在电脑网页端打开小红书官网,鼠标点击右上方"业务合作",点击弹出框的"蒲公英"按钮,登录小红书账号。

在该界面,我们可以选择买手身份或博主身份,为了便于大家理解,我们按顺序依次点击进行展示,如图 6-8 所示。

图 6-8　小红书蒲公英平台身份选择

先点击"我是买手"身份。

在该界面，可以看到商品及商品佣金。我们以《明朝那些事儿》这本书为例，选择综合排序第一的书籍。这里有几个数据，带大家分析一下，如图 6-9 所示。

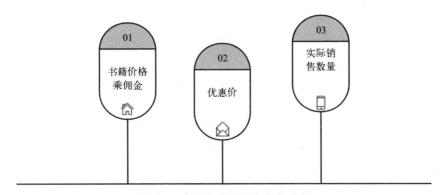

图 6-9　商品及商品佣金数据分析

佣金率：我们把这本书卖出去后，能获得的利润率。

佣金：我们把这本书卖出去后，能获得的利润。

比如，这本书售价 99 元，佣金率为 10%，即我们每卖一本，能获得 9.9 元佣金。

售价：售价为这本书售卖的价格。

优惠价：优惠价为用户点击购买这本书的实付价格。

佣金等于佣金率乘以优惠价，而不是佣金率乘以售价。

已售：该款产品的实际销售数量，我们可以通过产品的销售数量，来判断这款产品的市场受欢迎度，如图 6-10 所示。

图 6-10　产品已售数据图

我们假定在小红书平台售卖《明朝那些事儿》这本书，点击选品，那么后续流程和 6.1 小节一样，按流程操作即可。

但如果我们联系商家，会出现下方界面，如图 6-11、图 6-12 所示。

我们可以和商家沟通，形成深度的利益合作伙伴关系。这里有一个前提，我们有图文或视频带货经验，且带货数量相对较高。通过联系商家的方式，是可以拿到更高佣金的。依旧以《明朝那些事儿》为例，如果只点击选品，是 10% 的佣金率。但如果和商家沟通，有概率达到 20% 甚至 30% 的佣金率。

填写联系方式　　　　　　　　　　　　　　　✕

填写你的联系方式后，才可查看商家联系方式

微信号 *

手机号 *

11/11

图 6-11　联系商家界面 1

联系记录

商家联系方式

商家资料

麓韵智慧折扣书城

店铺分 **4.4 分**

已售　　　　月合作买手
5,519　　　**47**

意向买手

内容类目　文化艺术　教育　影视综资讯

图 6-12　联系商家界面 2

我们返回上一界面,点击"我是博主"身份。在该界面,可以看到新锐博主的商业合作视频内容,以及优质的笔记合作和直播合作案例。在此,我强烈建议大家,如果有意向做小红书商业合作,首页推荐的几位博主及博主的商业视频合作要全部看完,对之后的商单接取有很大帮助。

接下来,我们打开小红书蒲公英最上方的"我的"界面,在该界面点击"合作设置",在"合作设置"中点击"开启合作",同时设置图文笔记报价和视频笔记报价。如果在之前没有接过小红书商单,那么在填写报价时要比参考同行价格低20%~30%左右;一旦我们接商单的频率超过每月5~6次,且收到的甲方反馈正向居多,就意味着我们是优质的笔记博主,可以适当提升商单报价,涨幅不建议超同行价格的30%,如图6-13所示。

图6-13 小红书蒲公英平台商单合作

我们再点击"标签管理"界面,在标签设置中要填写与自己创作内容相匹配的内容类目和人设标签。标签的准确与否,一定程度上会影响到我们接取商单的数量,如图6-14所示。

图 6-14　小红书蒲公英平台标签管理

　　我们点击"健康管理"界面，要注意，如果健康等级为"非优秀"，一定要将该界面下滑到最尾端处，有"等级申诉"按钮。如果自己在接商单时，被平台误判为违规，需要第一时间申诉回来，如图 6-15、图 6-16 所示。

　　此外，大家接商单时务必在蒲公英平台上，其他方式介绍的品牌方，平台不参与分润，所造成的风险也需要自己独自承担。而且因为触犯了平台的利益，一般会被平台严查。

图 6-15　小红书蒲公英平台健康等级

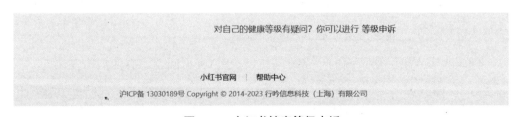

图 6-16　小红书健康等级申诉

6.3 开薯店：非IP类产品售卖全流程讲解

在第10天我会详细讲解如何开一家具备IP属性的小红书店铺，所以在本小节我将侧重讲解如何开通一家非IP属性的小红书店铺，本节讲解的小红书店铺与IP属性无关，意味着开店铺没有门槛限制，大家按流程操作即可，如图6-17所示。

我们打开小红书的官方网站，在业务合作处点击"商家入驻"。

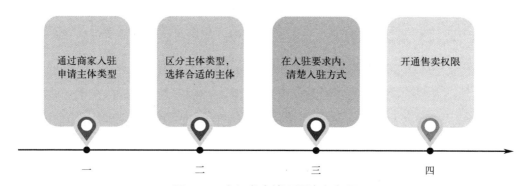

图6-17　小红书店铺开通注意事项

在"商家入驻"处，我们输入手机号，填写验证码，会弹出如下界面。在该界面中我们选择主体类型，要注意，如果我们售卖产品过多，且其中部分产品不支持个人身份售卖，建议开个体工商户，然后以个体工商户的方式直接入驻。既避免了企业公司的每年财务会计记账报税问题，又增加了在小红书店铺上的售卖种类，如图6-18所示。

小红书店铺在注册过程中，选择个人身份、个体工商户身份和企业公司身份的最大区别在于：能够售卖产品的种类和数量。

建议大家点击注册页面的"常见问题"，在"常见问题"界面点击左侧的"招商入驻"，同时点击"入驻要求"，里面有不同身份入驻小红书店铺时能开通的相关售卖权限，如图6-19、图6-20所示。

图 6-18 小红书商家入驻主体类型

图 6-19 小红书商家入驻常见问题 **图 6-20 小红书商家入驻要求**

　　大家在注册小红书店铺时，挑选适合自己的店铺方式，按照流程填写信息，等待审核通过即可，如图 6-21 所示。要注意，不同方式入驻小红书，需缴纳的保证金也是不同的。

图 6-21 小红书店铺审核流程

小红书的保证金标准分两个：一个是"基础保证金"，一个是"浮动保证金"。店铺的销售额越多，所需要缴纳的保证金越高。保证金不足时，须及时补缴保证金。保证金的具体缴纳规则，在招商入驻的资费管理界面有详细讲解，大致范围在 1000 ~ 50000 元之间，如图 6-22 所示。

图 6-22　小红书招商入驻资费管理

理解多元变现，全域变现流程拆解

在我们玩转小红书的第 7 天，要尽可能尝试"多元变现"。这里涉及几个基础问题。

问题一：创作出某一篇爆款笔记，如何实现效益最大化；

问题二：我是否可以多注册几个小红书账号，做深度运营；

问题三：如何通过运营小红书来实现个人利益的最大化；

问题四：运营小红书是单打独斗，还是搭建属于自己的团队；

问题五：短视频平台那么多，为什么非做小红书不可。

这些问题在我们第 7 天的内容中，会得到详细解答。

7.1　素材通用原则：爆款内容的重复利用

这一小节，对有文学洁癖的作家来说可能难以理解，所以先允许我举一个案例。

假如，你刚入驻小红书，赛道方向为"兼职副业博主"，创作了一篇小红书笔记：《未来两年，这 5 个行业即将兴起，谁干谁火？》。

这篇小红书笔记获得了 10 万个点赞、1 万个关注以及 5 万次收藏。那你接下来会怎么做？

选项 A：继续创作其他类型的小红书笔记

选题 B：继续创作相似赛道的小红书笔记

选题 C：创作同题材、同类目、不同内容的小红书笔记

大多数人可能会选择 A，小部分人可能会选择 B，极少数人会选择 C。但正确的选择是，大家应该第一时间选择 C。这里有一个问题，一些小红书博主会想，我之前已经创作了《未来两年，这 5 个行业即将兴起，谁干谁火？》，如果我再创作一次，岂不是把重复的内容说给读者听？读者会看吗？读者会不会讨厌我？如果会的话，是否会把我拉黑删除？

对于大家的顾虑，我用一个沿用至今的案例进行讲解。

很多小红书博主在创作笔记时，并不是百分百原创，而是去借鉴别人创作的素材和内容。所以当我们创作出一条爆款小红书笔记后，有很大概率被同赛道的小红书博主借鉴，甚至还有极少数的小红书博主会把我们的台词脚本略作改变，直接发到自己的账号上。

任何一条爆款的小红书笔记都有概率被别人借鉴或复刻。既然如此，别人可以借鉴我们的爆款小红书笔记，我们更可以借鉴自己创作出来的爆款笔记，如图 7-1 所示。

一
借鉴同类创造
赛道笔记

二
不要考虑重复
度问题

三
提高我们的
热点精品内容

图 7-1　小红书笔记借鉴方式

而且我们不用担心读者群体观看到重复内容，因为我们只是去借鉴自己创作出来的选题或素材，在内容创作时可以做多次更新迭代。比如原选题为《未来两

年，这 5 个行业即将兴起，谁干谁火？》，可以更改为《未来 5 年，这两个行业即将兴起，谁干谁火？》。

更重要的一点是，就算我们不去创作相似的选题，别人也会借鉴创作，如果自己的原创素材没有获得利益最大化，其实是很亏的。

上面讲的案例就是我们本小节的核心：素材通用原则。当我们创作的某一篇笔记突然成为爆款后，接下来应该做的就是重复创作类似选题、相近选题，或同一题材的不同内容方向，以此来增加爆款概率，提高粉丝数量。

7.2 小红书矩阵玩法：普通人如何搭建属于自己的矩阵账号

市面上常见的矩阵账号分为"纵向矩阵账号"和"横向矩阵账号"。我们想搭建矩阵，以及通过小红书矩阵来实现利益最大化，就要先弄明白这两大类矩阵账号的区别。

"纵向矩阵账号"特指在某一平台搭建多个账号，且多账号为同一垂直赛道内容，并争取在该赛道中成为行业头部。

比如我们在小红书做母婴博主账号，同时搭建 10 ~ 20 个，甚至更多的母婴博主账号，这些账号统一归属到矩阵中，大家只要提到母婴相关的商业合作，最先考虑的就是该矩阵，上述操作就是纵向矩阵账号的搭建。

"横向矩阵账号"特指在多平台搭建符合各自平台发展调性的矩阵账号，毕竟每个平台的创作氛围不同，粉丝的喜好也不同。

比如，有的平台重文章、有的平台重短视频、有的平台重直播，我们在各平台搭建矩阵时，往往也会有所偏重。以母婴博主为例，在快手平台做情景剧，在小红书平台做科普内容，在抖音平台做短视频，在 B 站平台上做长视频。

这本书主要帮助大家搭建小红书矩阵账号，且通过小红书矩阵账号来搭建个人 IP，所以我们本小节只讲小红书纵向矩阵账号。

我们点击小红书电脑端界面的"业务合作"，再
点击其中的"MCN 入驻"，在 MCN 入驻界面，输入
手机号、验证码，要注意条件允许的前提下，尽可能
拿未注册过小红书账号的手机号来入驻 MCN 机构。
否则在入驻 MCN 机构时，很容易出现"无法申请"
或其他错误界面，如图 7–2、图 7–3、图 7–4 所示。

图 7-2　小红书 MCN 入驻入口

图 7-3　小红书 MCN 入驻界面

无法申请，账号已认证了其他身份

请尝试更换登录账号

图 7-4　小红书 MCN 入驻错误

小红书的 MCN 机构可以获得 5 项专属权益，这 5 项权益在个人端或者企业端是没有的。

权益一：作者管理。

MCN 机构可以绑定作者，同时查看、管理作者在平台上发布的内容以及商业行为。

权益二：内容孵化。

MCN 机构可以帮助签约博主创作优质内容，并通过矩阵掌握的部分关键信息，帮助旗下创作者快速成长。

权益三：商业变现。

这是最重要的一项权益，小红书的 MCN 机构可以直接开通蒲公英商业权限。MCN 机构创作者的收入，平台会按照月度结算，发放到 MCN 机构中，由 MCN 机构自行分配。这就意味着 MCN 机构可以对商业合作进行二次挑选，孵化真正有价值的小红书博主。

权益四：运营扶持。

MCN 机构能够获得小红书官方的一对一运营服务，在日常运营过程中遇到的多类问题，都可以及时高效地解决。而 MCN 机构在小红书平台获得的流量扶持和流量推荐，也可以赋能到机构签约的作者身上。

权益五：深度合作。

MCN 机构有机会参加小红书的官方论坛、会议，以便于及时了解平台的最新动向。

但大家要额外注意，我们注册的小红书 MCN 机构不能只局限于注册，更应该深度运营，注册后如何把 MCN 机构做大做强，才是至关重要的。MCN 机构只是起到了承上启下的作用，对上服务的是小红书官方，对下服务的是数以百计，甚至数以千计的小红书博主。也正因如此，能力越大、责任越大。当我们注册 MCN 机构后，优先考虑的应该是如何做成头部，之后再去进行合理的商业变现。

7.3　账号含金量解析：把小红书当作变现的敲门砖

小红书粉丝量达到 1000 以上，就可以入驻蒲公英平台，接商业广告；可以通过笔记带货的方式赚佣金分成；也可以通过直播选品的方式，在直播间售卖产品获取佣金。

但是这些变现模式只局限于小红书平台，我们需要的远不止于此。我们要把小红书当作敲门砖，来获取更多、更好的机遇。

理论上来说，我们把小红书账号做火后会有其他平台，包括但不限于抖音、快手、B 站，甚至视频号、淘宝、京东、拼多多等多个平台的短视频合作机构，邀请我们去对应平台发布内容。这就是我们之前讲的"一带多"理论，我们只要有一个账号突然火爆，且有足够大的知名度，就很容易去其他平台发展，除非小红书平台和我们签订独家协议。

所以大家在读完这本书后，理论上就可以行动起来，在最短时间内，把小红书账号做起来，无论是粉丝数据还是每条视频、每篇笔记的观看量、点赞量、收藏量、评论量，都要达到相对可观的状态，为之后去其他平台打好基础。

7.4　关于小红书的团队合作问题

从 2023 年底一直到 2024 年底，将近一年的时间里，越来越多的博主有组建团队运营小红书的想法，主要原因在于小红书市场正在慢慢从红利期进入内卷期，这意味着创作小红书爆款笔记的难度越来越大，想要通过单篇笔记增加万粉、十万粉的难度也越来越大。一个人创作小红书账号难度大，那如果再多来几个人一起努力呢？我们一起把小红书账号做好、做火，可不可行？

答案是可行，但非常不建议。自媒体行业无论是写新媒体文章、写小说还是做视频，也不管是在哪个平台，都面临至关重要的一个问题——利润分配问题。在账号没火之前，我们很难保证所有人的精力都放在一起，一心一意为了账号好。而在账号做火了之后，我们更难保证账号利润均匀分配给每一位创作者，如图7-5所示。

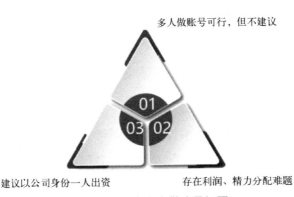

图7-5　小红书多人做账号问题

所以为了规避该问题，我们更建议大家做小红书账号，要么是以公司的方式由一个人出资，其余人以员工的身份创作优质账号；要么就是个人起号。非常不建议做团队账号，团队账号的利润问题，短期内是无解的。

更重要的是，随着各类傻瓜式剪辑软件的出现，大大降低了我们创作视频的难度，以DeepSeek为主的人工智能又极大地降低了我们文案创作的难度。所以一个人一个账号，甚至一个人多个账号，是完全有可能实现的，不太需要合伙去做团队账号，除非以公司的方式入局。

7.5　我们为什么要做小红书？

在这一小节，我们再回顾一下之前的问题：为什么建议大家做小红书？主要原因有4点，如图7-6所示。

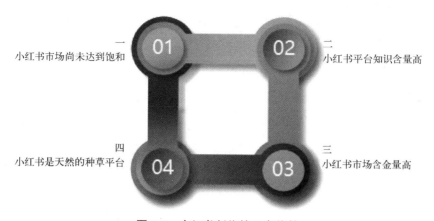

一
小红书市场尚未达到饱和

二
小红书平台知识含量高

四
小红书是天然的种草平台

三
小红书市场含金量高

图 7-6 小红书创作的 4 点优势

第 1 点，抖音、快手这两个短视频平台，在过去这么多年的发展中已相对成熟，对于新人来说想出头、想露面的概率很低。而小红书最近几年才突然爆火，市场远没有达到饱和程度，市场不饱和就意味着新人有机会。

第 2 点，小红书平台没有太多的娱乐内容，更倾向于知识分享，而这一部分知识分享又与人性、励志、成长、美妆、护肤、穿搭等方向有关。我们就算没有把小红书运营成功，也能够获得不少宝贵的知识。内容创作的性价比，要远高于其他平台。

第 3 点，小红书目前资本更看重、更看好。同样做短视频，在抖音上 10 万粉丝和小红书上 10 万粉丝的含金量是截然不同的，所能领到的商单，抓住的机遇也是不同的。

第 4 点，小红书平台的收益非常可观。比如我们有 10 万粉丝，抖音、快手上做软广营销带来的利润可能并不多；而在小红书上商单报价基本等同于粉丝数量的 10%。主要原因是小红书本就属于天然的种草平台。

IP 深度定位，搭建专属于自己的十大 IP 领域

第 8 天，我把小红书所有的能创作的方向，归类到了"十大 IP 领域"。我们在做小红书的内容创作时，大概率会在这十大领域赛道中，而且这十大领域理论上来说是更容易打造 IP 的。如果我们创作的是小众赛道，那么小众赛道的博主也可以类比到这十大 IP 领域，打造属于自己的个人 IP。

8.1 穿搭博主如何实现商业变现？

针对穿搭博主如何实现商业变现，我总结了几点，见表 8-1。

表 8-1 穿搭博主变现案例

穿搭博主变现模式	案例拆解
电商带货	挂小红书其他商家的店铺产品，赚取佣金
	自己开小红书服装类网店
	挂非小红书平台的商家产品
付费穿搭教学	将穿搭知识制作成付费专栏，让粉丝为知识买单
	在小红书开付费直播课程

穿搭博主变现模式	案例拆解
品牌代言	与甲方形成长期稳定的利益合作关系，在重要场合或相关视频出镜时给予部分服饰的展示空间
广告植入	在小红书发布某款服饰的穿搭视频，甲方给予我们对应的报酬

需要注意两点。

第一，如果挂载非小红书平台的商家产品，尽可能在蒲公英平台接商单，防止因违规而被平台限流。

第二：知识付费逻辑上是可行的，但也要注意维护口碑，在没有足够实力的前提下，不太建议盲目推进付费教学。

8.2　美食博主如何实现商业变现？

针对美食博主如何实现商业变现，我总结了几点，见表 8-2。

表 8-2　美食博主变现案例

美食博主变现模式	案例拆解
知识付费	线上录制高质量的美食制作教程
	线下开班授课模式，通过小红书引流到线下做美食培训
电商带货	挂载小红书其他商家的美食产品，赚取佣金
	自己开一家小红书的美食店铺
	挂载非小红书平台的美食产品

美食博主变现模式	案例拆解
创建个人品牌	在小红书平台销售旗下的美食产品
	从 0 ~ 1，探索小红书美食创业机会，打造自己的美食品牌

需要注意三点。

第一，线下教学的前提是线上有交付，防止被小红书判定为违规引流；

第二，如果挂载非小红书平台的商家产品，尽可能在蒲公英平台接取商单，防止因违规而被平台限流；

第三，食品等相关产品在小红书平台销售要符合标准和要求，具体指标要咨询小红书的官方客服。

8.3 彩妆博主如何实现商业变现?

彩妆博主的变现模式与穿搭博主的变现模式极其相似，之所以单独分出两类来，并不是区分其变现模式，而是为了区分 IP。穿搭和彩妆在小红书中占到的比重非常大，这也和小红书平台的男女比例差距过大有直接原因。

彩妆博主的商业变现模式可以照搬穿搭博主，但有两点需要补充。

第一点：严禁夸大宣传。彩妆产品主要用于皮肤上，尤其是脸部、手部等部位，所以一定不能夸大宣传，包括但不限于百分百祛痘、百分百无痕，夸张的话术很有可能会被平台判定为虚假宣传。一旦有用户群体投诉举报，最终吃亏的只有我们。

第二点：宣传之前，尽可能试用一下，或者看一下口碑如何。大家不能只想着赚取佣金，尤其是部分彩妆产品标记的某些性能过于夸张时，我们需要提前试用下，试用效果好，再去宣传。不能收了钱后，按照对方提供的台词、脚本去照念，这样既是对粉丝的不负责任，也是对自己的不负责任。

8.4　影视博主如何实现商业变现？

针对影视博主如何实现商业变现，我总结了几点，见表 8-3。

表 8-3　影视博主变现案例

影视博主变现模式	案例拆解
宣发广告变现	某电影或电视剧即将上映或开播前，接到品牌方的宣发合作邀约，按照视频的播放数据来获得广告分成
影视类 app 推广	推荐某些 APP 软件上的好看的电影、电视剧，用户点击或下载该软件能够获得广告分成
影评文案	某些老电影、老电视剧的经典解析，观看完某些电影、电视剧后的观后感，都有很大概率被甲方采纳
视频种草或图文种草	电影、电视剧剪辑切片时，可以挂载明星使用的同款产品链接，通过分销的方式获得佣金

影视博主需要注意版权问题，这一点尤其重要。部分电影或品牌制作方对版权监管极为严苛，尤其是刚上映的电影、电视剧。在内容创作时一旦被追责，所需承担的代价极大。所以除非有特殊邀约，不建议大家创作最新上映的电影、电视剧内容。

8.5　职场博主如何实现商业变现？

针对职场博主如何实现商业变现，我总结了几点，见表 8-4。

表 8-4　职场博主变现案例

职场博主变现模式	案例拆解
职场强知识付费咨询	职场新人面试指南
	职场人际关系运营与维护
	职场项目管理，如何提升自己的领导力
	职场创业指导，如何开一家属于自己的公司
商业软广	在蒲公英平台接产品商单软广
	在蒲公英平台接企业品牌推广

8.6　情感博主如何实现商业变现?

针对情感博主如何实现商业变现，我总结了几点，见表8-5。

表 8-5　情感博主变现案例

情感博主变现模式	案例拆解
情感知识付费	为人处世，提升自己的共情能力，提高自己的情商等相关知识付费课程
情感咨询	与婚姻、情侣关系相关联的情感咨询
	与育儿、亲子成长相关联的情感咨询
	与心理学、心理咨询相关联的情感咨询
	与矛盾有关且核心在于解决矛盾的情感咨询
情感 IP 孵化	做 IP 类的情感领域博主

8.7 家居博主如何实现商业变现？

针对家居博主如何实现商业变现，我总结了几点，见表 8-6。

表 8-6 家居博主变现案例

家居博主变现模式	案例拆解
生活方式 + 产品分佣	小而美的好物分享、日常生活中能提高生活质量的图文或视频带货
	收纳好物类、实用小家电类的图文或视频带货
	产品测评类、选购攻略类、避坑指南类的软广、硬广或图文视频带货
装修攻略 + 知识付费	装修全流程知识付费分享
	家居装修的专业定制设计
	专业的老旧房间改造，包括但不限于旧厨房改造、卫生间改造、出租屋改造等

8.8 游戏博主如何实现商业变现？

针对游戏博主如何实现商业变现，我总结了几点，见表 8-7。

表 8-7 游戏博主变现案例

游戏博主变现模式	案例拆解
游戏直播	给某款游戏做直播推广，通过直播的方式来获得蒲公英商单
游戏拉新	通过录制的游戏视频吸引用户去玩某款游戏，用户由专属链接下载后，获得游戏拉新的佣金
工会签约活动	由工会或矩阵进行签约包装，给予流量扶持，参与工会活动获得利润分成

游戏博主变现模式	案例拆解
游戏代练	通过游戏的视频、直播或图文笔记，吸引用户群体，引流到私域，通过游戏代练的方式来获取额外收益
其他游戏变现	包括但不限于通过游戏搬砖、游戏账号、游戏估价或其他的游戏自媒体变现模式，来获得不菲收入

注意，游戏博主对接的粉丝群体中未成年人居多。很有可能会出现未成年人网上交易问题，要再三确定对方是否成年，否则可能会产生利益纠纷。

8.9　旅行博主如何实现商业变现？

针对旅行博主如何实现商业变现，我总结了几点，见表8-8。

表8-8　旅行博主变现案例

旅行博主变现模式	案例拆解
优化关键词的深度布局	持续聚焦于某个旅游景点的视频创作，当游客想前往该旅游景点时，能第一时间检索到我们的视频和账号，方便后续持续的商业变现
旅游景点广告植入	与当地的旅游景点签订合作伙伴关系，为旅游景点拉新游客
旅游品牌代言或活动推广	成为某地旅游景点的合作代言人，并持续为该旅游景点做推广
旅游周边产品售卖	去售卖旅游景点的周边产品，可以在小红书平台开通店铺，实现商业变现
一对一专属旅游服务	做付费旅游咨询服务，当游客前往该地旅游时，可以通过付费模式来给他们提供专业的旅游咨询

注意，除非我们从事导游行业，否则不建议旅行博主化身为导游。导游行业需要注意诸多问题，尤其是游客跟随我们前往某一景点，游览美丽风景时突发意

外事故或人身安全问题，我们很大概率会担责任，所以我们只需负责售卖周边产品就可以。

8.10　健身博主如何实现商业变现?

针对健身博主如何实现商业变现，我总结了几点，见表 8-9。

表 8-9　健身博主变现案例

健身博主变现模式	案例拆解
健身品牌商业合作	可以就某些健身器材、健身的科普书籍、健身的相关食材进行商业合作
健身产品直播带货	可以在直播间展示健身产品并直播卖货
健身课程付费咨询	录制健身塑形等相关的知识课程，并通过付费的方式进行推广
健身相关联会员推广	通过包月或者包年的服务模式，售卖健身相关的知识服务、一对一服务或定制服务
线下健身房等周边变现模式	根据自身专长及用户需求，可以尝试开线下健身房，吸引粉丝前来健身

补充一点，健身的相关产品售卖，往往更需要直观立体的画面，所以视频或图文笔记远不如直播的销量可观。

8.11　DeepSeek 辅助深度定位全流程

在 IP 深度定位中，我们总共列举了 10 类博主，但很多小伙伴并不清楚自己该搭建哪一类领域的 IP。

这里给大家配套一份基础指令调试模板，让人工智能辅助我们做 IP 赛道挑选。

身份信息 + 兴趣专长 + 具体变现路径 + 市场趋势分析 + 个人发展趋势分析 +

我要补充

为了便于大家理解，我们直接上案例，对 DeepSeek 输入：

> 已知小红书 10 大 IP 领域分别为：穿搭博主、美食博主、彩妆博主、影视博主、职场博主、情感博主、家居博主、游戏博主、旅行博主、健身博主。
>
> 我想搭建一个具备 IP 属性的小红书账号，请依据我的个人信息表，帮我挑选最合适的 3 大 IP 领域，并作出分析报告。
>
> 身份信息：性别男，年龄 29 岁，企业老板；
>
> 兴趣专长：制作美食、饲养宠物、玩大型游戏；
>
> 具体变现路径：想靠知识付费、商业合作变现；
>
> 市场趋势分析：知识付费俨然已变成潮流，把自己的知识传授给别人，收取对应报酬的行为也越来越受到市场的认可；
>
> 个人发展趋势分析：未来有概率在互联网上发表付费课程，并打造属于自己的大 IP；
>
> 我要补充：影视博主和健身博主赛道暂时不考虑。

DeepSeek 输出：

> 根据你的个人背景和需求，以下是为你量身定制的 3 大 IP 领域推荐及深度分析报告：
>
> 【3 大推荐领域】
>
> 1. 职场博主（强商业属性 + 知识付费天花板）
>
> **适配度分析：**
>
> 身份优势：29 岁企业老板身份自带"商业权威感"，职场赛道男性博主占比仅 18%（数据来源：新红数据），差异化优势显著。

内容矩阵建议：

干货型：《创业避坑指南》《中小企业现金流管理术》；

场景化：办公室人性化管理案例拆解（穿插宠物、美食元素打造记忆点）；

跨界专题：《从魔兽公会管理到公司团队建设》——将游戏战略思维迁移到商业决策。

变现爆发点：

2980元/人的"老板思维训练营"（客单价远超普通职场课程）；

B端企业咨询服务（中小企业主精准客户群）；

高端办公用品/SAAS系统商务合作。

2.美食博主（兴趣变现双螺旋结构）

破局策略：

人设定位："霸道总裁厨房"——爱马仕围裙配分子料理的视觉反差。

内容创新点：

《米其林谈判学》：录制商务宴请菜式时植入商业社交话术；

《融资路演便当制作指南》：将便当造型设计与商业计划书逻辑结合；

宠物联动企划：为爱犬定制米其林星级宠物餐（导流至宠物赛道）。

变现组合拳：

199元《商务宴请全场景菜品课》（知识付费+预制菜带货）；

高端厨房家电品牌年度代言（契合企业家调性）。

3.萌宠博主（高情感价值赛道）

差异化打法

内容壁垒建设：

《宠物行为经济学》：分析猫咪拆家背后的机会成本；

CEO的宠物员工手册：给爱犬颁发"公司首席减压官"工牌；

沉浸式宠物别墅搭建全记录（自然植入智能家居产品）。

变现想象力：

宠物智能用品股权投资项目（利用老板资源进行产业级变现）；

联名宠物食品礼盒（"老板家的毛孩子吃什么"粉丝必追）。

【赛道组合战术】

"铁三角内容生态"搭建建议：

职场（60%）：主攻知识付费基本盘，塑造专业形象；

美食（25%）：打造生活方式影响力，拓宽商务合作面；

宠物（15%）：增强账号情感温度，提升用户黏性。

冷启动爆款公式：

企业家反差萌 + 硬核知识可视化 + 跨领域场景嫁接

示例标题：

《给公司赚了500万后，我决定教布偶猫做财务报表》

《员工不知道的老板秘密：凌晨三点在魔兽里练领导力》

【风险预警】

职场赛道内容枯竭：建议储备100个中小企业真实案例库。

美食同质化竞争：需季度性研发"商业 + 美食"跨界选题。

宠物内容变现慢：前期可通过宠物友好型企业探店实现流量转化。

该组合可实现：知识付费年收益预估80万 +，商务合作溢价空间200%，建议立即启动职场赛道内容囤积，6个月内完成三赛道矩阵布局。

创建付费专栏：从定位到卖课，打造自己的知识产品

在我们玩转小红书的第9天，要尝试着创建"付费专栏"。无论在哪个平台，大家要牢记一点，付费专栏的本质是为了打造IP。我们创作付费专栏不能以变现为主要目标，而应以IP打造为主要目标。只要IP做大做强，获得的利润要比单纯卖专栏多得多。

9.1 卖点拆解：7大卖点，总有一款适合你

目前，小红书知识付费赛道的常见卖点一共有7个。大家如果想创建知识付费专栏，就需要在这7个赛道中选出其中一个来。理论上，我们做知识付费，覆盖的卖点越多，效益越好，越能被用户认可。

为了便于大家理解，我们以表格的形式展示，见表9-1。

表9-1 知识付费不同类目卖点

知识付费卖点	卖点释义
下一代教育和学习类	侧重于如何提升孩子的思维逻辑能力和记忆力，以及某些学科成绩的快速提升，包括但不限于如何学好英语；如何写出漂亮的毛笔字。只要讲师的授课水平高，销量就不用愁，也正因此，我们把该卖点列为7大卖点的第一位

续表

知识付费卖点	卖点释义
大健康类	凡是涉及医生、健康、养生等相关内容，均包括在内。但是要注意，如果涉及医生等特殊类目，需要有相关的资质，内容创作时务必保证真实性，否则很有可能承担责任。包括但不限于中老年人如何健康养生；如何解决脱发、少白头等与生活相关的诸多养生问题
职场类	只要涉及职场，包括但不限于员工的个人成长、企业的管理方案、相关绩效考核、如何调动员工的工作积极性、如何在面试时与面试官高效沟通等所有类目，全都属于职场类。额外注意：职场类也是为数不多，可以由知识付费转型为一对一指导私教的高价服务
玩转自媒体	包括但不限于如何玩转抖音、快手、小红书、视频号，以及如何通过自媒体来打造兼职副业变现。在小红书上做该类目的知识付费最好的变现模式是教大家如何玩转小红书变现
兴趣爱好类	包括但不限于瑜伽、舞蹈、书法等相关市场教学。这里要注意：市场受众越低，客单价越高；市场受众越高，客单价越低
情感咨询类	恋爱问题、婚姻问题、亲情问题、友情问题、人际交往问题、为人处世技巧提升等相关的付费课程均包括在内。尤其注意婚恋相关的付费课程市场受众极高，远超过其他几个方向
生活技巧类	囊括生活小窍门、家居装修、如何提升生活品质、如何追求生活便利等，只要与生活相关联的内容均可做付费课程。但这一部分付费课程的市场受众虽广，可读者群体的付费意识却普遍偏低，因为这一类生活小窍门往往存在一看就会、一教就懂的情况，很多博主都在做免费分享，所以做这一类的付费课程要慎重，市场竞争压力较大

9.2 课程设计：由浅入深，知识增量放在第一位

为了便于大家理解，我们以职场类为卖点，做课程设计、营销设计和售后设计。我们假定职场类的知识付费内容为：

如何在面试中掌握先机拿到更高工资？

在做课程设计时，我们有"七步法"。按照七步法流程来设计，不能保证课程设计多么优秀，但至少能够符合读者预期，如图9-1所示。

图9-1 知识付费课程设计的三大准则

第1步，明确课程目标。这套课程设计完成后，需要达到怎样的目的？我们要有最基础的心理预期，课程设计时要尽可能朝着心理预期的方向去实现。

案例：如何让求职者顺利通过面试，并拿到较高的薪资福利？

第2步，了解目标学员。

案例：购买付费专栏的学员大多是朝着快速入职心仪的岗位或公司，以及掌握面试时的沟通技巧来的，在内容创作时要有所偏重。

第3步，规划课程结构。

最好把课程分为若干板块，每个板块又由若干节课程组成，板块与板块间并列不交叉，不能产生直接冲突，课程与课程间不能存在前后矛盾的情况。

案例：付费专栏分为四大板块。第一板块，如何提升自己的口才和逻辑力；第二板块，如何寻找符合期望的公司；第三板块，面试时如何通过巧妙对话来让面试官认可自己的能力；第四板块，入职前三个月如何稳住自己在公司的地位，同时尽最大可能做好职业规划。

第4步，选择教学方式。

目前的付费专栏教学方式无非三种，一种是图文，一种是视频，还有一种是直播授课。2019年及之前比较火爆的付费授课方式还有一种：音频。但音频的受众面不高，且现阶段读者群体不太认可，所以不建议创作该类内容。

案例：设计专栏时可以采用3+1模式，即三个板块为录播课程，另外一个板块为直播授课+直播答疑。

第5步，设计互动环节。

互动环节设计的核心目的在于后期的高价位交付。大家要明白，一套专栏，尤其是重复售卖的专栏，价格不建议超过199元。这就意味着我们就算卖出去100份，也不过才2万元。这个利润和我们付出的成本相比，性价比并不高，所以我们需要获得高客单价的群体，而获得高客单价群体的方式就是在低客单价群体中进行遴选，课程中的互动环节就成为了我们遴选高客单价群体的最优选择，如图9-2所示。

案例：在设计职场面试的付费专栏时，额外增加一节职场面试模拟课程，鼓励购买专栏的学员踊跃参加。既能提升购买群体的好感度，也为接下来的高客单价课程做好铺垫。

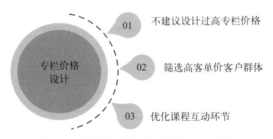

图9-2 课程专栏价格设计的三大准则

第6步，持续优化和更新。

课程设计出来不能死水一滩，需要不断注入新生力量。这里的新生力量包括但不限于给课程打补丁、迭代往期课程、设计最优课程等诸多步骤，我们要保证每套课程都符合当下阶段的读者需求，以此来吸引读者群体做二次交付或持续交付。

案例：可以适当增加近年来比较火爆的面试方式、新兴企业的入职技巧。

第7步，设定合理的价格和营销策略。

这一步将在下一小节中重点讲解，营销是课程利润的最后1公里，也是我们最需要看重的。很多优秀的小红书博主往往设计出优质的课程来，但毁在了交付环节。不懂营销、不懂策略，只是一门心思地提升课程质量，是极不合理的。

9.3 营销设计：借助 DeepSeek 实现低——高价课程设计，把知识卖出去

为了便于调试，本节使用的人工智能是 DeepSeek。接下来我们借助 DeepSeek 来实现课程的营销设计，我们先对 DeepSeek 做内容调试如下：

我设计了一套职场付费专栏，目的在于让职场人在面试时掌握先机，入职企业后比别人更高更快成长。

这套专栏已经设计完毕，但在营销环节出现了问题，你能否帮助我设计一整套的营销方案？

DeepSeek 输出：

> 职场付费专栏极简营销方案
>
> **一、精准定位**
>
> **核心用户**
>
> 23～28 岁职场新人（面试焦虑群体）
>
> 30～35 岁转行者（跨行求生需求）
>
> **核心卖点**
>
> 老板视角黑箱破解：
>
> 面试："HR 绝不会说的反侦察话术"；
>
> 入职："转正述职碾压同事指南"；

晋升："90 天抢走领导嫡系位置手册"。

二、爆款内容设计

钩子公式：

颠覆认知：标题含"黑幕""潜规则"（如《HR 偷偷录音的 5 个瞬间》）；

场景痛点：用老板监控视角还原"述职时领导的真实心理"；

游戏化包装："职场生存技能树"；

美食类比："牛排三分熟＝领导好感度法则"。

传播载体

小红书干货笔记（每周 3 篇）＋老板日常 Vlog（自然植入课程价值）

三、精准渠道狙击

小红书主战场

定向：北上广深杭用户＋搜索"求职""职场干货"；

发布时间：早 8 点（通勤焦虑期）＋周日 21 点（周一恐惧症）。

私域转化

朋友圈：发"企业裁员名单分析"（仅三日可见）；

社群：建"00 后整顿职场作战室"，日更"领导潜台词密码"。

跨平台引流

知乎：在"被领导羞辱怎么办"问题下植入课程；

B 站：做《上市公司总裁教你写简历》互动视频（不同选择触发结局）。

四、转化路径

三级漏斗

免费测评→9.9 元盲盒→199 元专栏→4980 元私教

钩子工具：

"职场生存危险系数测评"（测试结果触发焦虑）

定价策略

主页首屏展示"4980元私教课已满员"（锚定高价）；

课程页滚动提示"3268人正在学习"（制造紧迫感）。

五、执行节奏

第1周：上线"职场风险评估"测评裂变；

第3周：发起"我的领导是NPC"故事大赛；

第5周：联合猎头直播"金三银四突围战"；

第8周：释放"学员涨薪50%"案例，倒计时涨价。

六、风险控制

内容保鲜：每月更新"企业最新考核表"（盖公章增强可信度）；

预期管理：标注"本课程可能导致领导觉得你难控制"；

流量储备：存20个应急选题（如"裁员信号清单""行业黑话词典"）；

效果预估：首月销售额破30万，通过私域＋跨领域联动（如美食/宠物内容引流），逐步构建百万级IP生态；

执行原则：强攻认知差＋制造焦虑＋提供确定性方案。

大家要注意，我们在借助DeepSeek生成营销方案时，并没有给我们明确的操作方案。之所以出现这种情况，是因为我们在对DeepSeek调试时提问的问题没有做好约束项。所以我们需要更精妙的设计，即在DeepSeek生成的方案中做方案的约束项。为了便于大家理解，直接上案例如下，对DeepSeek继续输入：

营销方案的补充方案如下，请结合上方信息，帮我生成一份定制方案。

1.品牌故事与核心价值

讲述专栏背后的故事，强调实战经验和系统化成长路径。

突出核心价值：经验丰富的导师、高效策略。

2. 多渠道营销策略

社交媒体营销：小红书平台发布带货视频。

KOL/ 网红合作：邀请小红书相关博主来分佣带专栏。

内容营销：每周直播三场，对购买专栏的小伙伴提供免费指导。

社群营销：建立社群，增强学员黏性。

3. 课程介绍与试听体验

设计两节试听课分别是面试禁忌事项和面试沟通的基本礼仪规范。

4. 促销策略与学员激励

专栏上架前三周八折售卖；

两人拼团最低折扣 6 折。

5. 口碑与学员反馈机制

学员购买专栏后好评可返现三元。

好评并发送到自己的职场搭子群或朋友圈，可额外增加一次线上直播指南服务。

6. 持续跟踪与数据分析

付费专栏每售卖 100 份，涨价 20 元。

DeepSeek 输出：

定制化整合营销方案

（结合原精简方案与补充需求）

一、品牌价值体系强化

1. 品牌故事包装

核心故事线：

"从被面试者到面试官：29岁企业老板的职场降维打击术。"

价值可视化：

拍摄"十年创业踩坑手账"翻页视频（泛黄笔记＋红笔批注冲击力）；

课程封面标注：本专栏淘汰率87%——只保留经过20家企业验证的策略。

2.信任状建设

专家背书：课程详情页置顶"上市公司HR总监推荐语"；

数据震慑：首页轮播"学员人均涨薪28%""最快3天拿offer"动态数据。

二、全渠道爆破矩阵升级

1.小红书深度运营

带货视频公式：

老板身份＋场景冲突＋限时福利

示例脚本：

"作为面过237人的老板，我现在要揭穿求职者最蠢的3个行为（镜头切换办公室监控画面）；

前50名下单学员可获1对1简历诊断（举手表决特效）"。

KOL分佣体系：

选择标准：粉丝1～10万的中腰部职场/成长博主；

分层合作：基础分佣15%＋阶梯奖励（每超50单加5%）；

内容模板：提供"3个必拍翻车场景＋2个含蓄炫耀话术"。

2.直播转化引擎

三场直播主题设计：

场次	主题	钩子设计
周一	《老板监考：职场黑话段位测试》	测试前 3 名送专栏
周三	《深夜急诊室：拯救你的作死简历》	连麦诊断限免 3 人
周六	《00 后整顿职场作战会议》	直播间拼团解锁 6 折

直播间氛围组件：

实时弹幕关键词：压榨、PUA、摸鱼（触发课程优惠弹窗）；

背景板动态数据："已有 XX 人通过本课程逃离 996"。

3. 社群黏性增强计划

入群仪式感：

发放"职场生存编号工牌"（根据入职年份生成专属 ID）；

新人需提交"最想干掉的领导行为"投名状。

日常运营机制：

每周三 20:00"黑话破译大赛"（最快解码者获课程券）；

每月"反向背调日"：集体调查一家公司的离职率/涨薪幅度。

三、转化链优化

1. 试听课狙击设计

第一课：《面试禁忌名单》

故意展示错误案例（如穿拖鞋面试的候选人录像）；

结尾悬念："以上错误仅占致命问题的 23%"。

第二课：《商务礼仪规则段位表》

插入老板视角隐藏摄像机片段（记录候选人礼仪失误）；

引导动作："测测你的礼仪段位→领取进阶手册"。

2. 动态定价攻心计

涨价公告策略：

每售出 80 份即发预警："剩余 20 份维持当前价"；

价格进度条设计："当前价格蓄力值 87%"视觉化呈现。

拼团裂变设计：

两人成团页面显示"已为 XX 人节省 798 元"。

四、口碑飞轮系统

1. 评价管理体系

阶梯式返现机制：

基础好评：晒笔记 +3 张学习照→返现 3 元；

深度传播：转发 3 个社群 + 带话题发朋友圈→赠"领导性格分析工具包"；

裂变奖励：邀请 1 人购买→解锁"企业通讯录黑名单查询"服务。

2. 学员成长追踪

成就系统可视化：

学习进度达 30%：颁发"职场刺客"电子勋章；

完成全部课程：寄送盖公司章的"生存认证证书"。

案例打造流程：

每月遴选 1 名学员拍摄《48 小时逆袭纪录片》；

重点包装"涨薪 50% 学员"与"转行成功案例"。

五、数据驾驶舱建设

1. 核心监测指标

流量层：试听课完课率＞75%，直播间人均停留＞8 分钟；

转化层：拼团发起率＞40%，KOL 渠道佣金占比＜25%；

口碑层：自然搜索流量占比每周提升 2%，差评响应时效＜30 分钟。

2.**预警机制**

当单场直播转化率＜5% 时：

立即启动"老板在线发疯"特别直播（穿睡衣解读奇葩简历）；

当社群日活下降 20% 时：

投放"领导出轨财务的征兆"等禁忌话题讨论；

3.**风险对冲：**

储备 5 套老板"创业至暗时刻"故事应对内容枯竭；

开发"课程内容搜索引擎"供学员快速查询应对突发职场危机。

额外补充：

不难发现，借助 DeepSeek 生成的营销方案需要做多次调试，第 1 次调试由人工智能给予我们大概框架，第 2 次调试则需要我们在大概框架中提出标准和需求，经过多次调试后，来设定营销方案。

9.4　售后设计：借助 DeepSeek 实现服务追踪，争取做到 0 差评

我们对 DeepSeek 输入以下内容：

假定你购买了一份付费专栏，该专栏讲解的是职场面试和升职加薪的相关技巧，如果你对这份专栏不满意，会从哪几个方面评价呢？

DeepSeek 输出：

一、内容质量维度

实用性不足

"技巧过于理论化，缺乏真实职场场景案例"；

"提供的模板无法直接套用，对实际面试、谈薪无帮助"。

深度与稀缺性缺失

"内容在知乎、小红书都能搜到免费平替版"；

"没有老板、HR 视角的独家信息，全是大众常识"。

权威性质疑

"导师资历存疑，无法证明其真实培养过顶尖人才"；

"课程中引用的'成功案例'缺乏可验证证据"。

二、课程设计缺陷

结构化问题

"知识点零散，缺乏系统化成长路径设计"；

"仅教话术不教底层逻辑，遇到变通场景立刻失效"。

互动支持缺失

"无答疑服务，社群只有机器人发广告"；

"承诺的直播辅导频次低且内容注水"。

三、性价比争议

价格价值失衡

"199 元课程实际干货内容不足 3 小时"；

"同类免费资源（如 B 站 up 主）质量更高"。

动态定价反感

"饥饿营销令人不适，每涨价一次就发恐吓式通知"。

四、体验与交付问题

呈现形式粗糙

"PPT 像大学生作业，音画不同步影响观看"；

"无字幕、课件下载等基础功能"。

更新滞后性

"教人用 2018 年的面试话术应对 AI 面试"；

"未覆盖元宇宙、远程办公等新兴职场场景"。

五、营销落差

过度承诺

"宣传'学完保底涨薪 30%'，但无兜底措施"；

"试听课精彩，正课内容质量断崖式下跌"。

KOL 背书造假

"合作博主明显没看过课程，推荐话术机械化"。

六、售后风险

口碑操控痕迹

"好评返现诱导虚假评价，差评被客服骚扰"；

"学员真实案例库疑似编造，Linkedin 查无此人"。

退款障碍

"购买后立刻关闭退款通道，客服回复无法退款"。

我们继续对 DeepSeek 提问：

假定客户的反馈信息为：

承诺的直播辅导频次低且内容注水。

请你站在卖家的角度尝试为自己辩解一下，且要求辩解的内容不能过分激进，既要侧面表达自己创建的付费专栏质量不错，又要肯定用户提出来的负面反馈。

DeepSeek 输出：

尊敬的学员您好：

首先衷心感谢您抽出时间反馈意见，这对我们完善服务体系至关重要。关于您提到的直播辅导频次与内容质量问题，请允许我们说明现状并承诺改进：

1. 关于直播频次

当前为保证直播内容深度，我们暂时控制场次以集中打磨质量（讲师需同步处理上市公司管理咨询项目）。但此安排确未充分满足部分学员需求，本月起将增设"快速答疑专场"，并提前公示全年 36 场主题直播排期表供您规划时间。

2. 关于内容价值

专栏主课程已涵盖 97% 核心方法论（含独家开发的"企业薪酬带宽计算器"等工具），直播定位本为"场景化加餐辅导"。但近期部分场次存在案例拆解颗粒度不足的问题，我们已启动两项升级：

邀请学员投票选择直播主题（如"空降领导如何破局"）；

每场增设"1v1 模拟谈判"名额（由十年 HR 总监亲自陪练）。

3. 专属补偿方案

4. 为表歉意，我们将为您：

延长 3 个月课程有效期（可参与新增直播）；

私发《HR 不会告诉你的 13 条晋升红线》加密文档；

优先预约下期"高管圆桌会"席位；

我们始终相信：真正优质的职场教育应如瑞士钟表——主课程是精密机芯，直播服务则是透视表盘，二者协同方能见证时间价值。再次感谢您的鞭策，愿我们共同打磨出经得起 500 强企业检验的知识产品。

我们可以继续对 DeepSeek 调试，包括但不限于要求其输出的内容更加口语化、更通俗、更易懂。或者针对自己提出来的论调，要求人工智能进行润色，语言要更委婉一些。

要注意，在本小节中我们借助人工智能实现的售后设计，能够极大地节省我们的时间、精力，但并不意味着我们可以把前端做烂。最重要的，还是做好付费专栏的内容和营销。

开一家属于你的薯店：
IP 类产品售卖全流程讲解

在玩转小红书的第 10 天，我们来尝试开一家属于自己的"店铺"。要注意：这里的店铺，和第 6 天开的店铺是完全不同的，此处的店铺是"IP 类产品"，也可以理解为：这一类店铺既要引导私域，又要做高价付费，更要凸显个人 IP。

目前所有的短视频平台中，小红书是最适合素人做 IP 赛道的，原因只有一个，小红书的市场没有饱和！

10.1　IP 类产品需要的资质讲解

小红书具体开店流程我不过多讲解了，我们直接打开小红书的店铺后台。大家点击规则列表中的"规则详情"，找到小红书经营大类一览表，这个表格内容太多，就不给大家一一展示了，如图 10-1 所示。

在找到这份表格后，会发现所有的店铺可以归为四类，分别是个人店、个体工商户、普通企业店和官方资质店，官方资质店又分为专营店、专卖店、旗舰店、官方旗舰店、卖场型旗舰店。在这四类店铺中，个人店和个体工商户受到的限制最多。同时，一旦我们想做 IP 类产品，就必然会触及发票、税务、法人等相关问题，所以更建议大家开一家属于自己的公司。

但是开公司要付出的成本偏高，例如办公场所每月最低租金 500 元，一年就是 6000 元；会计代理记账每年最低 2000 元，再加上一些其他支出，每年开公司

小红书经营大类一览表

本规则于2024-04-01发布并生效

本规则于2019年3月26日首次公示，于2024年2月29日修订并生效。

一级类目	二级类目	三级类目	个人店	个体工商户	普通企业店/专营店	专卖店/旗舰店/官方旗舰店/卖场型旗舰店
3C数码	3C数码家电服务	软件服务	-	√	√	√
3C数码	3C数码家电服务	延保服务	-	√	√	√
3C数码	DIY电脑	DIY笔记本	-	√	√	√
3C数码	DIY电脑	DIY兼容机	-	√	√	√
3C数码	DIY电脑	DIY一体机	-	√	√	√
3C数码	办公电子用品	3D打印机及配件	-	√	√	√
3C数码	办公电子用品	办公设备配件及相关服务	-	√	√	√
3C数码	办公电子用品	包装设备/标牌及耗材	-	√	√	√

图 10-1　小红书经营规则详情展示

的花销至少 1 万元。

我们想做 IP 类产品，在小红书店铺上无外乎三种情况。

其一，有 IP 属性的小周边；

其二，有 IP 属性且个人出版的图书书籍；

其三，有 IP 属性的虚拟课程和虚拟服务。

我们按照这三种情况，给大家讲解申请售卖相关产品的权限开通流程。

第一类，有 IP 属性的小周边，如图 10-2 所示。

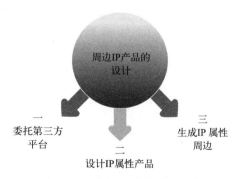

图 10-2　周边 IP 产品设计要求

假定周边产品为鼠标垫，我们可以委托第三方，包括但不限于 1688 等平台，帮我们设计一批鼠标垫，在鼠标垫上印刷个人 IP 属性的相关内容，做小周边。

这一类产品不太需要资质，个人店或者个体工商户店均可，我们点击小红书店铺左侧栏目的"店铺"按钮，并点击"店铺管理"，在弹出的右侧界面中点击"品牌类目资质"。在品牌类目资质中点击"新增类目"，在新增类目中点击"文具/文化/文创/宠物"，同时选中"IP文创/文创周边"，并把我们需要做的周边产品选中即可，如图10-3、图10-4所示。

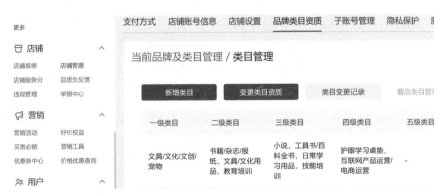

图 10-3　小红书店铺类目管理示例

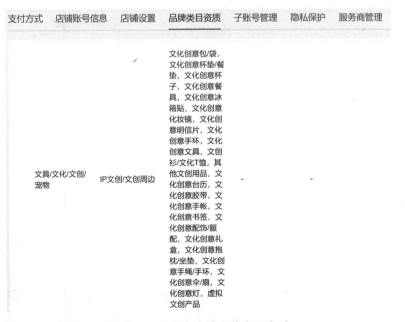

图 10-4　小红书店铺品牌类目资质

第二类，有 IP 属性且个人出版的图书书籍。

如果我们想在小红书上售卖书籍，尤其是在自己的店铺中售卖，需要出版物经营许可证。而出版物经营许可证与公司绑定，且公司的注册地需要有房产证。房产证的占地面积建议在 50 平以上，我在 2023 年注册出版物经营许可证时，房产证要求 50 平以上，2024 年部分地区没有这项要求，但不同地方的标准不同，所以为了保险起见，需要有 50 平以上的公司注册地，且必须是商业用房。

在拿到出版物经营许可证后，我们按照上述流程点击新增类目，同时选中"文具 / 文化 / 文创 / 宠物"中的"书籍 / 杂志 / 报纸，文具 / 文化用品，教育培训"，再选中相关的书籍即可，如图 10-5 所示。

当前品牌及类目管理 / 类目管理

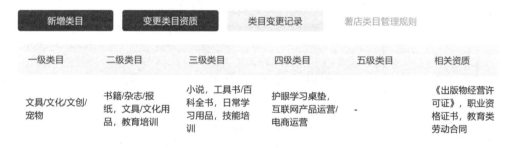

一级类目	二级类目	三级类目	四级类目	五级类目	相关资质
文具/文化/文创/宠物	书籍/杂志/报纸，文具/文化用品，教育培训	小说，工具书/百科全书，日常学习用品，技能培训	护眼学习桌垫，互联网产品运营/电商运营	-	《出版物经营许可证》，职业资格证书，教育类劳动合同

图 10-5　小红书图书类目管理

第三类，有 IP 属性的虚拟课程和虚拟服务。

如果我们想在小红书上，以商品的方式售卖虚拟课程产品，需要企业签订员工的劳动合同类型为"教育类"，且该员工有相关的职业资格证书。

以我为例，我的资格证书是全媒体运营证书，不同 IP 属性的虚拟课程或虚拟服务所需要的证书不同，大家在申请相关权限时，直接询问小红书店铺的官方客服即可，询问方式一般在小红书店铺右下角，有一个类似耳麦的箭头，一键点击即可找到相关客服，如图 10-6 所示。

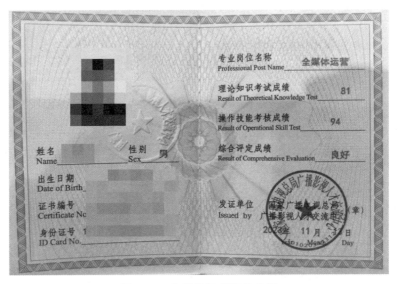

图 10-6　全媒体运营证书案例

这里会有一个问题，我们做的虚拟课程和虚拟服务为什么一定要通过开店铺的方式来实现？如果你对这个问题有疑问，请务必仔细阅读 10.3 小节。

10.2　DeepSeek 五步法取昵称，商标申请全流程讲解

如果我们只是随便运营小红书账号，并不指望小红书账号有多么高的 IP 价值，只是为了其商业价值，包括但不限于做商业营销、商业推广或者商业互动，则不需要申请商标，如图 10-7 所示。

图 10-7　商业价值内涵

一旦我们决定做小红书的 IP，且要开一家 IP 类小红书店铺，最好通过公司注

册商标，以此保护自己的 IP。

商标保护的意义是什么？最大意义在于小红书昵称使用过程中不会遭到某些公司的恶意索赔，一个典型的案例就是敬汉卿事件。

在 2019 年 8 月 3 日，作为 2018 年哔哩哔哩十大 UP 主的敬汉卿，发布了一条六分钟的视频，表示自己收到了安徽省某一家公司的信函，说敬汉卿三个字侵犯了该公司注册商标的专用权，要求他更改名字。而根据后期的爆料来看，是因为该公司注册了敬汉卿三个字的第 41 类商标，不过万幸，这件事情并没有给敬汉卿带来较大的负面风险。

作为普通博主，也要有保护个人 IP 的意识。目前保护 IP 有两种通用方式，其一是用自己的真实姓名直接注册各大平台账号，其二是通过与公司绑定的方式注册一个商标。那我们如何起一个具备 IP 属性的名称，并注册商标呢？在这里给大家详细介绍一下 AI 五步法取昵称公式：

昵称 = 主题定位 + 目标受众 + 创意独特性 + 合法合规性 + 品牌关联性

假定关键信息如下：

我是一位小红书职场博主，创作方向为提升职场人的生存能力。

主题定位：昵称必须侧重于职场，且能体现出职场中的关键词或关键字。

目标受众：核心受众群体为职场新人。

创意独特性：IP 昵称中要有我的姓氏"刘"，然后给我起一个相对顺口的笔名。

合法合规性：我的 IP 昵称不能存在某些违法、违规、擦边、色情、低俗的字词句。

品牌关联性：我的 IP 昵称最好能在后面添加讲职场或聊职场的相关关键词。

对 DeepSeek 输入：

请针对上方信息，帮我起一个具备 IP 属性的小红书昵称。

DeepSeek 输出：

定制化小红书职场 IP 昵称方案

（基于"刘"姓＋职场核心词＋用户需求适配）

一、命名逻辑拆解

身份锚点：强化"刘"姓记忆，建立个人品牌认知；

功能暗示：植入"生存""通关""逆袭"等职场痛点词；

场景联想：通过动词／工具词传递解决方案感；

传播友好：押韵／叠字设计提升口头传播效率。

二、推荐昵称清单

编号	昵称方案	核心价值传达	适配场景
1	刘能职场指南	"能"强化赋能感，类百科工具书定位	新人导师型人设
2	刘小闯聊生存	"闯"契合新人破局心态，亲和力＋成长感	陪伴成长型 IP
3	刘派生存课	"派"暗示方法论体系，建立学派权威感	知识付费高端定位
4	刘一手职场簿	"手"强调实操秘籍，"簿"强化资料库属性	工具型博主
5	刘师傅的锦囊	师徒关系代入感，打造"职场老师傅"形象	资深专家路线
6	刘三点聊升职	用数字强化方法论可信度	结构化知识输出
7	刘尔摩斯探职场	借福尔摩斯 IP 联想，突出"解谜破局"能力	差异化悬疑推理风格

三、风险排查说明

合规性：已规避"逆袭"等易被限流词，选用"生存""指南"等安全词；

商标冲突：经中国商标网初步检索，推荐昵称暂无同类目注册商标；

搜索优化：昵称含"职场"关键词，覆盖职场新人主动搜索流量。

四、注册保护建议

多平台占位：同步注册微信公众号以及抖音、知乎账号；

视觉统一：设计芒刺图标+深蓝主色调（传递理性专业感）；

话题预埋：创建独家话题，强化搜索关联；

选择好昵称后，建议立即注册并启动内容沉淀。

在人工智能生成小红书 IP 昵称的过程中，我们可以对其进行多方调试，具体的调试流程就不做过多讲解了。我们暂定"刘职话职场"是我们需要的小红书 IP，而"刘职"是我们需要打造的个人 IP 身份，那么接下来我们需要对"刘职"进行商标注册。

这一部分流程比较复杂，商标注册需要在中国商标网上登记个人信息，大家按照流程进行注册即可。要注意：商标的注册与公司的办公地址、公司的名称强相关，这就意味着只要公司注册地变更，或公司名称变更，就需要在中国商标网上进行信息补充。

大家在注册商标时，不需要注册全品类商标，代价太大。原则上大家只需要注册第 9 类、第 35 类、第 38 类，和第 41 类、第 42 类、第 45 类商标即可。如果资金受限，优先注册第 41 类商标。

10.3　小小物流大有讲究，用最低成本实现产品售卖

大家还记得在 10.1 小节中我们提到的问题吗？

我们做的虚拟课程和虚拟服务为什么一定要通过开店铺的方式来实现？

为了便于理解，请看一下我的小红书店铺后台的部分信息，如图 10-8 所示。

图 10-8　小红书店铺后台信息

因为隐私原因，我只能给大家看这张截图，这是一份价值 0.1 元的小红书知识付费课程的售卖截图，我们点击右侧订单详情能看到购买这份专栏的顾客的联系方式。

要注意：如果我们通过正常渠道售卖专栏，很难链接到购买者，这和我们第 9 章讲到的通过低价课程引导用户购买高价课程，产生了很大冲突。毕竟你连购买者都无法对接，就更没有办法引导购买者由低客单价转向高客单价，如图 10-9 所示。

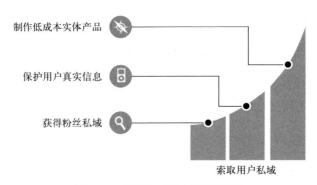

图 10-9　索取用户私域关键要素

而在小红书平台通过店铺的方式售卖产品，是可以实现用户的关键信息索取的。

接下来，问题的关键就是我们如何实现这类产品的售卖？如果客单价为 0.1 元，且我们要给对方发物流快递，以我所居住的城市为例，和快递驿站能谈下来的最低价格也在 5 元左右，这个价格的确难以承受。所以我们在小红书上创建这类产品时，应该选择无物流发货模式，具体流程如下：

首先在上架产品前选择类目是"文具 / 文化 / 文创 / 宠物"下方的"教育培训"，下方的"技能培训"，下方的"互联网产品运营 / 电商运营"类目，其次我们选择物流类型为"无物流发货或物流配送"即可，如图 10-10、图 10-11 所示。

这里要注意：我们上述的所有流程操作，其本质来说是知识付费内容在小红书店铺的上架，这就意味着我们要有资质且符合平台标准，如果不符合，轻则对应的产品频繁下架，重则会扣我们的保证金。

已选类目：文具/文化/文创/宠物 > 教育培训 > 技能培训 > 互联网产品运营/电商运营　修改类目

基础信息　　存为新模板

图 10-10　商品上架类目选择

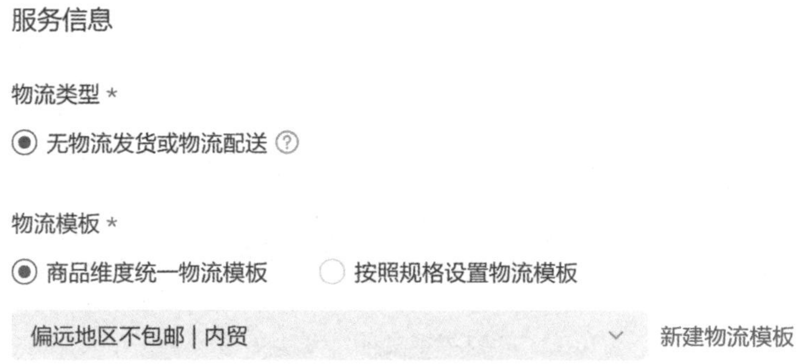

服务信息

物流类型 *

◉ 无物流发货或物流配送 ⑦

物流模板 *

◉ 商品维度统一物流模板　　○ 按照规格设置物流模板

偏远地区不包邮 | 内贸　　　　　　　　　∨　　新建物流模板

图 10-11　知识付费产品发货模板

10.4　小红书店铺运营可能存在的问题及解决方案

在小红书店铺运营的过程中，可能存在诸多问题。我挑出几类非常典型的问题给大家讲解，同时给予对应的解决方案。

问题一：大量上架产品，通过铺量的方式来提高销量。

这个模式本身就有问题，铺的量再多，如果没有曝光渠道也无法产生实际销量。小红书与淘宝、拼多多和京东不一样，它是做内容的，所以我们需要把内容做好、做精美、做优质。先把店铺中的某一个品打爆，才可以持续打其他的品。

问题二：只开店铺，忽略了客服端。

轻则店铺评分偏低，重则店铺无法发布笔记，或店铺流量受限，更有甚者还会扣保证金。开店铺时要时刻挂着小红书的客服端，同时在客户端界面设置好客服每天的上下班时间，当用户提问问题时，我们要第一时间回复，哪怕不能够及时解决用户的问题，也要先发一个表情或相关话术，要尽可能缩短用户提问问题和我们回答问题中间的时间差。

问题三：关于退货地址的设计，如图 10-12 所示。

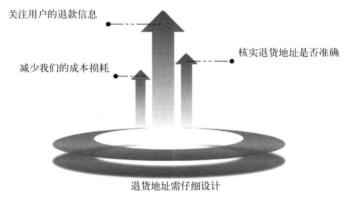

图 10-12　小红书退货地址设计

大家在注册小红书店铺后，后台所有的按钮，所有的界面都要点开看一下，尤其是退货地址。一旦用户购买产品后对产品不满意，使用 7 天无理由退货权限退货时，地址准确与否直接关系到我们的产品能否原路返回到发货地。

问题四：关于选品和测品问题。

如果我们没有产品，只是通过在小红书端上架别人的产品进行售卖，赚取中间差，就要明白选品不能只看质量，要适当往价格和性价比的角度考虑。

问题五：关于囤货和快递费的问题。

新手在小红书上架产品时，要本着不出爆款的觉悟去上架，绝不能盲目囤货。按照每件产品的囤货价在 100 元左右来算，一次性囤 1 万单就是 100 万元，这些货如果卖不出去，你再想把货退给生产方难度极大。此外快递不要直接走正常价格，而是找到你们当地的快递站点负责人，告诉他自己每个月的销量，一般一个月的销量如果在 1000 单左右，谈下来的快递费用也会低不少。

小红书私域引流全流程拆解，打造属于自己的私域群体

玩转小红书的第 11 天，我们要尝试通过小红书引流"高价私域群体"。大家要注意：在所有的短视频平台中，如果论私域引流的质量，小红书和 B 站无疑是最高档的，抖音、快手的私域引流效果虽然不错，但整体质量和消费能力远不如小红书和 B 站。

也正因如此，我们第 11 天就要尝试从小红书上引大量的私域流量，通过私域流量搭建付费的私域群体，来实现商业变现。

11.1　全网同名私域引流法，将 IP 效益实现最大化

接下来给大家看一下我的个人介绍：

刘丙润

青年作家

写作讲师

丙润文学创始人

前快传号创作者学堂合作讲师

当当网第 10 届影响力作家

二十一种写作变现主题授课讲师

"用一年时间，写出好作品"活动发起者

全网粉丝百万，作品累计阅读量破 2 亿

全网同名，有任何问题可以私信我

在这份个人介绍中，除最后一句话以及我的 IP 名称外，其他内容可以自由调配。这里会出现一个问题，为什么最后一句话一定是"全网同名，有任何问题可以私信我"？很简单，这能够让我们做私域引流时，实现效益最大化。

即我们在各大平台，无论是图文创作平台：今日头条、百家号、快传号、网易号、一点号，还是在视频创作平台：小红书、B 站、抖音、快手，在内容创作时，账号名称要固定下来。这样做能保证效益最大化，即某一个账号突然爆火，我们的粉丝群体极有可能在其他平台搜索同名账号并一键关注。

再结合我们 10.2 小节讲到的 AI 五步取昵称法，可以起一个全网同名的 IP 昵称。

11.2　关联账号高效引流法，将主号影响降到最低

提问：我在小红书账号上创作视频笔记，并且挂载了 0.1 元课程，根据之前的 IP 类产品售卖全流程讲解，只要这款产品售卖，我们就能把粉丝群体从公域流量池引流到私域流量池。那该如何引导用户购买 0.1 元课程呢？无非有三种方式，如图 11-1 所示。

视频引导用户，点击购买商品

评论引导用户，点击购买商品

小号评论引导用户，点击购买商品

图 11-1　引导用户购买商品的方式

第 1 种，在视频录制或笔记创作过程中，引导用户点击视频左下角下单。

第2种，在评论区发布引导用户下单的相关言论，但是账号有被封禁的风险。

第3种，找同名小号在评论区发布引导用户下单的相关言论。

补充一点，我们在视频录制或笔记创作的过程中，如果存在大量的营销属性，会导致笔记限流，且这种限流频率高了，对账号造成的影响也是不可逆的。

那如何通过关联账号的方式来实现高效引流呢？一共有两个方案：

方案一，用小号在小红书创作的相关视频下方留言，并对该言论做置顶处理。给大家看一个案例，如下图11-2中的评论所示，"对内容感兴趣的宝子，可以点一下视频左下方的商品，会有三天的写作公开课。"

图 11-2　评论案例

这样做最大的好处是：提醒视频的观看者，如果对视频中的营销内容感兴趣，可以尝试点击左下角商品购买。既不会触及引流私域的关键词、敏感词，也不会给主号带来风险。相当于我们拿小号去不断试错，不断地承担风险，以此来降低主号的风险值。

方案二，主账号仅关注自己的小号。并且在小号发布的第 1 条视频上展示添加个人微信的方式。当有粉丝和我们进行深度对接时，可以直接登录小号，并让粉丝群体通过我们置顶的第 1 条视频来对接。

这两个方式表达的是一个意思，即通过牺牲小号的权益来保证大号在小红书进行内容创作时，权益不受损。以此既能保证内容创作的持续更新，又能保证私域引流的正常进行。

11.3　私信引流法：三做三不做，谨防账号禁言

小红书的私信引流，有"三做三不做"。如果触碰到违规事项，很有可能被小红书平台禁言、限流，甚至封号处理。大家做小红书的私域，主要目的是引流到精准用户，所以我们要明白，私信中引流贵在精，不在多！

一做：红薯群。打开小红书 APP，点击右侧"我的"，在中间栏滑到最右端，点击"群聊"，点击下方的"创建群聊"，在创建群的界面，填写相关信息，点击"立即创建"，点击"去设置"，在该界面点击"群管理"，在功能设置界面，点击"公开展示"，如图 11-3、图 11-4、图 11-5、图 11-6、图 11-7、图 11-8 所示。

完成上述操作后，发布链接自己的对接方式，但是不要用主号发布，新建一个小号去发布信息，同时小号不要设置成管理员，否则会有连带风险，大小号彼此不要关注。

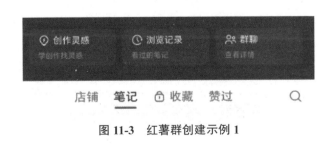

图 11-3　红薯群创建示例 1

图 11-4　红薯群创建示例 2

图 11-5　红薯群创建示例 3

图 11-6　红薯群创建示例 4

图 11-7　红薯群创建示例 5

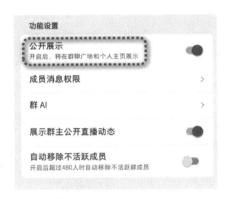

图 11-8　红薯群创建示例 6

二做：尝试把小红书的红薯号修改为我们的微信号。同理，点击小红书 app 界面右下角"我的"，在该界面点击"编辑资料"，点击小红书号，将小红书号改为我们的微信号，如图 11-9、图 11-10、图 11-11 所示。

图 11-9　修改红薯号示例 1

图 11-10　修改红薯号示例 2

名字	刘丙润的书屋 ⟩
小红书号	1132876891 ⟩
简介	青年作家，评委，写作讲师，独立撰稿人 两本畅销书，七本书籍待出版… ⟩

图 11-11　修改红薯号示例 3

三做：蓝 v 聚光。这种模式需要付费，一个企业营业执照的认证费是 600 元，需要在聚光账户上充值，之后就可以获得私信回复微信号的权限。这个渠道最稳妥且保守，因为是通过平台的方式引流私域，所以风险不大。

一不做：不要在评论区直接发布联系方式，会直接禁言。

二不做：不要在私信重复且频繁地索要对方的联系方式，否则会被禁言。

三不做：不要有明显的引流私域的动作，被平台查到后会被禁言，甚至限流。

11.4　借助 AI 激活私域社群，打造高价值私域生态

当我们通过上述流程，在小红书平台拉到足够多的私域后，就需要做好接下来这一步，即"私域社群的活跃"。我们需要把活跃度拉满，理论上私域社群在两周内没有任何活跃，就很有可能丧失社群的属性和价值。那如何提升私域活跃度呢？在这里，我们可以借助人工智能的方式实现。

私域引导公式 = 个性化称呼 + 正向激励 / 引导性提问 + 价值内容分享 / 确认

为了便于大家理解，我给大家拆解下这套私域引导公式，如图 11-12 所示。

一	二	三	四	五
特殊粉丝昵称	成绩展示	加强与IP相关的活跃	高价值内容分享	保证信息回复

图 11-12　私域引导公式具体内容

个性化称呼：一般指使用特定昵称，或者特定关键词，来增加粉丝群体与我们的亲密度，拉近距离。

正向激励：一般指给粉丝或学员看到使用某技巧后获得的成绩，告诉他们"你们努力也可以实现这些目标"。

引导性提问：一般用于社群活跃，包括但不限于"大家对于某件事有怎样的看法"，而这件事必须与我们的 IP 强相关，不要做无意义的话题讨论。

价值内容分享：一般指分享与我们的 IP 属性相关联的内容，让粉丝或学员知道加入社群是有意义的。

确认：一般用于确认学员能否接收到相关信息，同时也可以很好地做社群活跃的收尾动作，包括但不限于"大家收到信息后，可以回复1"表确认。

我们接下来假定关键信息如下。

我的 IP 属性为教大家玩转小红书，同时：

个性化称呼：称呼社区内的学员为"宝子"。

正向激励：小红书大有市场，大家努力经营小红书，把小红书当作副业，可以实现月入过万。

引导性提问：在小红书运营中，大家遇到什么问题，都可以在微信群里提问。

价值内容分享：我们今天会给大家分享小红书私域引流的注意事项和禁忌事项，帮助大家更好地做IP。

确认：收到信息后，大家不要忘记在社群内回"1"，助理老师那边会做好登记。

我们对 DeepSeek 输入：

> 请针对上方信息帮我生成一份小红书私域社群的营销文案，同时在生成内容时要保证有足够的趣味性和互动性，引导大家探讨学习。

DeepSeek 输出：

"宝子们集合！手把手带你玩转小红书印钞机"

今日社群热辣剧透

"是谁的学员 2 篇笔记怒涨 5000 粉？哦！原来是我的宝子！"

刚毕业的 @小鹿用"地铁怼人话术"笔记狂收 37 个品牌合作，你的下个月收入栏，就差一个小红书副业来填满！

今日重磅炸弹

《小红书私域引流生死榜》

保命操作：如何把粉丝从小红书"转移"到微信还不被封？

作死行为：千万别在简介留这 3 个符号！（血泪案例预警）

暗号文学：和粉丝说"戳戳"还是"滴滴"？数据差 10 倍！

互动抢答区

"宝子们的翻车历史交换大会"

你在小红书最抓狂的翻车现场是？（例：把品牌爸爸名字打错被追杀 3 条街）

神评论 TOP3：

1. 小红书限流词库（内部破解版）；

2. 爆款标题生成器（AI 秒出 100 条）；

3.和老师 15 分钟免费连麦诊断。

行动暗号

想解锁今日《私域引流避坑手册》的宝子，立刻！马上！疯狂！敲"1"，助理老师会按顺序戳你领资料~（前 30 名宝子加赠《敏感词替换宝典》）

紧急预警

今晚 20:00 群内直播加餐：

《如何把骂你的评论变成涨粉神器》

错过这场的宝子肠子会悔青！

宝子军团口号

"跟着 XX 混，三天饿九顿……才怪！是月入过万不封顶！"（群里不准偷偷暴富不带我！）

文案心机拆解：

1.情绪钩子：用学员暴富案例激发"我也能"心理；

2.风险对冲：自黑口号降低商业感，增强可信度；

3.行动压迫：限时、限量、专属三大套路齐发；

保准让宝子们一边哈哈哈一边疯狂敲"1"！

有一些小伙伴会好奇，我自己就可以写社群活跃文案，为什么非要借助人工智能？

这里面触及一个信息差，我们做私域不太可能只服务于一个人或者一个社群，而是服务于多个人甚至多个社群。这种情况下，人工智能的优势就体现出来了。只要我们熟悉人工智能，并懂得调试，就可以在最短时间内生成最符合预期的信息，然后一键分发，节省我们大量的时间和精力。

小红书直播间搭建，
开启属于你的第一次直播

玩转小红书的第 12 天，我们开始做小红书的"直播搭建"，需要注意两点。其一，小红书直播时，我们不能对围观粉丝抱有太大期望，通常情况下，一场直播在线粉丝在 30 ~ 50 人左右；其二，小红书直播的高客单价是有目共睹的，这就意味着哪怕只成交一单，直播的利润就很可观。

12.1　直播计划搭建，做好直播规划

在做小红书直播前，我们要把"直播计划"搭建起来，具体的搭建流程如下：

在小红书官网点击创作中心，点击直播管理，在直播管理界面点击立即创建，同时填写直播计划，并点击确定即可，如图 12-1 所示。

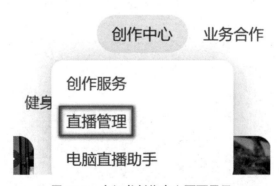

图 12-1　小红书创作中心页面显示

直播计划可以从三个方面来帮助我们，分别是：开播流程、跟播成本和公域流量，如图 12-2、图 12-3 所示。我们可以简单粗暴地理解为直播计划就是我们当下阶段的直播期望值，同时要通过对账号的精细化运营，尽可能实现直播期望值。

图 12-2　直播计划使用攻略

图 12-3　小红书创建直播计划页面

强烈建议大家，在直播计划搭建时要有规律可循，比如每周二、四、五、六的晚8:00～10:00，这种规律既方便我们培养直播感觉，也利于粉丝在固定的时间点观看直播，增强粉丝黏性。

12.2　直播预告创建，尽可能拉取公域流量

预约直播的方式如下，第1步，点击小红书后台主界面左上方的三条横杠；第2步，在常用功能处点击"主播中心"；第3步，在主播中心页面点击"直播预告"；第4步，在直播预告页面补充开播时间、直播标题、添加笔记、添加商品。如图12-4～图12-7所示。

这里尤其要注意一点，我们可以将直播预告直接展示在笔记页面，方便粉丝群体去预约。

图 12-4　直播预约创建方式 1

图 12-5　直播预约创建方式 2

图 12-6　直播预约创建方式 3

图 12-7　直播预约创建方式 4

12.3　直播间搭建，灯光布景凸显卖点

直播间搭建尽可能降低成本，价值几万元的直播间和价值几千元的直播间，

整体性能差别不是特别大，对于直播的效果影响并没有我们想象中那么大。本着能省就省的原则，与其花费很高代价去买各类直播设备，倒不如稍微升级一下手机设备带来的效果好，如图 12-8 所示。

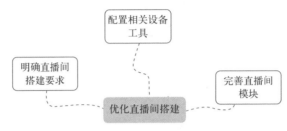

图 12-8　优化直播间搭建流程

现阶段在手机端直播，只要手机价位在 3500 元以上的，一般都差不了太多，当然如果条件允许，用相机直播最好。

我们先给大家介绍一款傻瓜式直播间搭建方式。大家在淘宝搜索"直播间搭建"，会有各店铺的相关产品，大多都是配套服务的，我们可以直接向店铺老板表达需求，套用模块化搭建。这种搭建的优点在于省时、省力、省钱。为了避免没有亮点与特色，可以在套用模块化搭建后，再添一些需要展示的产品。

如果我们自己搭建直播间，一般需要有三灯两光。

分别是顶灯、氛围灯、地灯，以此来添加辅光、主光。

顶灯主要目的在于：从上往下，给主播及产品做补光用；

地灯主要目的在于：给主播及产品补充侧面阴影，让产品更加立体化；

主光灯一般在主播上、前方侧面打过来，要注意，如果主播戴眼镜，则需要考虑眼镜反光问题；

如果有辅光灯，则主光灯和辅光灯可以交叉使用，从两侧给自己打光，也就是常说的侧面灯，打出来的光是左侧光或右侧光；

氛围灯主要目的在于：调节氛围，灯光的颜色、样式有多种选择，甚至可以搭配小挂件。

直播间搭建的灯光布景，几乎囊括了，主播的正前方、上、下、左、右两侧的灯光，以及主播身后的氛围灯。但真正去做光线搭配时，往往没有那么严苛的要求，只要保证人物立体，没有明显的阴暗面，光线氛围柔和即可。

12.4　直播中可能存在的问题

问题一：不要做暖场活动或话术。小红书直播间本来人就少，如果每来一位粉丝或路人观看我们直播，都做一次暖场活动，那你会发现前面的人跑得快，后面的人留不住。

问题二：不要去拉时长。目前包括抖音、快手、小红书、视频号、B 站直播，在一个小时内就能跑出有效数据，拉时长的意义几乎为零。

问题三：不要有明显的违规行为。比如：驾驶自行车、摩托车时手持手机直播，在直播过程中出现暴力、色情、血腥画面，飙脏话、有危险动作等行为均不可以。

问题四：不要出现违规话术。常见的有"因果话术"，比如：只有、才，因为、所以，只要、就等相关词；与"最"相关的，比如：全国最好、世界最牛、整个行业最优秀；与"级"有关的，比如：国家级、宇宙级、顶级、享受终极服务；与"第一"有关的，比如独一无二、全国第一、仅此一次；与国家或品牌有关，与虚假宣传、诈骗有关，与极限用词有关，与时限用词有关。

最后再额外注意一点，所有医生、健康、法律、财经产品的营销要尤其注意：其一，需要资质；其二，在营销过程中一定要注意相关话术，否则很有可能判定为违规宣传。

12.5　数字人现状分析：我们为什么不需要它？

关于数字人，我简单补充两句。目前市面上有各类各样的数字人直播，甚至还有某些省会城市、某些区县的数字人代理。对于这一类服务，大家仁者见仁、智者见智，不要被数字人24小时直播这种关键词蒙蔽，我们曾在2023年测试过数字人直播，整体效果一言难尽。

数字人和真人直播存在明显的差异化，而且站在平台的角度分析，也不太鼓励数字人直播，所以大家可以把数字人直播当作未来的发展趋势之一，但现在不要轻易介入。目前市面上数字人价格普遍在1万元以上，我们购买数字人时，还要注意版权等诸多问题，普通人原则上不介入为好。

流量投放技巧，
给你的作品投放一次流量

玩转小红书的第 13 天，我们要尝试给小红书的优秀作品"投放流量"。大家不要认为投放流量是给平台花钱，可以理解为给自己做价值提升，比如投放 100 元的流量，最终能带来的实际效果是增粉 50 或增粉 100、营销商单超过 3 单、私域人群超过 6 位，在这样可观的数据面前，100 元的投资算不得什么。

13.1　作品发布后的两大动作：数据监控和修改笔记

我们点击小红书后台主页，点击右下角"我的"，点击左上角三条红杠，点击"专业号中心"，在该界面点击"更多数据"，在更多数据界面，我们能看到笔记数据、粉丝数据、个人笔记、商品笔记和全部笔记的相关数据分析。

该界面我们能看到一篇笔记的好与坏、数据的高与低。

这个流程操作相对简单，给大家当作本小节任务，大家自行点击对应按键，去查看自己发布的小红书数据。

接下来给大家讲解"如何修改笔记"。

点击任意一篇笔记，点击右上角三个点，在该界面点击"编辑"按钮，可以选择更换视频、编辑封面、添加标题、添加话题、是否携带商品等诸多选项，点击"修改完毕"后，再点击发布笔记即可，如图 13-1、图 13-2 所示。

图 13-1　小红书笔记修改步骤 1

图 13-2　小红书笔记修改步骤 2

小红书笔记修改有三点注意事项。

其一，不要频繁编辑修改笔记，很容易被平台判定为行为异常；

其二，不要在平台给大流量时修改笔记，此时笔记很有可能会被重新审核，流量出现断崖式下跌；

其三，笔记存在明显违规，且平台还没有审核出来时，要第一时间修改，防止出现秋后算账的情况。

13.2 薯条投流方式及投流失败原因拆解

当我们的小红书笔记发布成功，且其数据相对可观时，可以尝试对该篇笔记做内容投流。同理，点击需要投流视频右上角的三个点，然后点击"薯条推广"即可。在推广过程中分为两个版本，分别是"极速版"和"标准版"，极速版可以理解为投流模型标准化，不需要做额外筛选；而标准版则有启动时间、推广时长、推广人群，三个特殊选项。

我们点击推广人群有"自定义人群"按钮，在点击"自定义人群"按钮后，可以选择性别、年龄、地域和特定兴趣偏好，我们点击"特定兴趣偏好"后，可以选择对某一个垂类感兴趣的群体，增加投流后的性价比，如图13-3、图13-4、图13-5、图13-6、图13-7所示。

虽然说我们知道了薯条的投流方式，就可以投流，但很多情况下，我们无法对该视频进行加热投流，出现这种情况有以下五点原因：

原因一：侵犯他人肖像权或品牌权益。我们创作的内容可能存在直接抄袭、搬运他人作品，或冒充他人账号做二次创作，或账号发布的笔记有明显的LOGO水印等。

原因二：存在明显或刻意的导流行为。比如在小红书笔记中，明确表示"想要获得某某资料，请在评论区中回1"，或者"想要获得某某资料，请回666"，这种刻意导流行为，一旦被平台发现，后果相当严重。

图 13-3　薯条投放方式 1

图 13-4　薯条投放方式 2

推广金额

新客首单5.4折

首单立省30元　　　　　　　　　　　　　35元
35元买65元薯条权益　　　　　　　　　　原价65元

| 75元 | 150元 | 自定义 |

新客限时首单礼，仅首单可用

启动时间 ⑦　　　　　　　　　　　立即开始 ›

推广时长 ⑦　　　　　　　　　　　　12小时

推广人群　　　　　　　　　　　智能推荐 ›

图 13-5　薯条投放方式 3

○ 智能推荐

✔ 自定义人群

特定性别

| 不限 | 男 | 女 |

特定年龄（多选）

| 不限 | 18-23岁 | 24-30岁 |
| 31-40岁 | 41-50岁 | 大于50岁 |

特定地域（多选）

| 全国 | 自定义 |

特定兴趣偏好（多选）

| 不限 | 自定义 |

图 13-6　薯条投放方式 4

图 13-7 薯条投放方式 5

原因三：存在引导交易行为。这里的引导交易，并不是在小红书平台发布挂载小红书的商业产品的行为，而是引流到其他平台，包括但不限于微信、QQ、淘宝、拼多多、京东等其他平台。

原因四：存在明显的营销属性，且营销属性的内容过于极端，包括"全球最牛""全国第一""绝对"等词汇。

原因五：过度摆拍展示行为。在笔记中我们只讲产品卖点，过度侧重营销或专场过于生硬。

13.3 ROI 计算规则：引入三种考量因素

如果我们在小红书做笔记带货或直播带货，则可以归属为电商人行业，既然是电商人就必须要明白 ROI 是什么意思，尤其是涉及小红书的薯条推流模式。ROI 简单讲就是投入产出比，即得到的回报在投资中所占比例的大小。原则上来说，ROI 越高越好，如图 13-8 所示。

图 13-8   ROI 计算规则

ROI 等于广告产生总销售金额与广告花费的比值，比如我们花一元钱买的广告，最终获得了 10 元的销售额，那么 ROI 就等于 10。

这里有一个传统误区，认为 ROI 越高越好。甚至会有观点认为：ROI 只要大于 1，就能保本！

那为什么一些 ROI 在投流的过程中，即便大于 1 还是亏本了？为了便于大家理解，下面举一个实际案例：

假设你有某款产品，产品的销售价格是 1000 元，产品的制作成本是 800 元，物流成本是 100 元，那么每卖一件产品的实际盈利是 100 元。

那么产品的利润率，是用 100 元除以销售价格 1000 元，等于 10%。

我们暂定 ROI 等于 1，这就意味着我们花了 1000 元做投流，最终收回了 1000 元，看起来没有亏，可是我们的产品制作成本和物流成本是 900 元，这意味着我们投出去 1000 元，最终只获得了利润收入的 100 元，亏损 900 元。

所以，我们需要 ROI 等于 10 才能保证不亏本，即我们投出 1000 元最终获得的回报是 1 万元，这 1 万元中把制作成本和物流成本全部减掉，意味着我们最终的实际利润是 1000 元，投入产出比刚好持平。

如果我们只计算 ROI，在小红书上投放薯条很有可能会掉入无底洞，所以我们需要做另外三种考量。

因素一：投放薯条后能否产生长尾收益？

在一次投放薯条后，如果能激活这条短视频，并且在激活过程中源源不断地产生其他的利润，那么这样的投放就是值得的。

因素二：在投放薯条过程中，是否存在退换货的情况？

如果存在退货或换货，那么中间的物流成本，以及商品二次营销的亏损成本，也要计算在内。

因素三：综合其他成本，包括但不限于偏远地区的营销成本，是否计算在内？

换句话来说，我们的投放产出考虑的是均衡效应，保证总体保本，不亏损即可。

镜头语感系统训练，
录制你的第一条口播VLOG

在玩转小红书的第 14 天，我们要尝试录制属于我们的第一条"口播 VLOG"。口播 VLOG 的最大优势在于，既能节省时间精力，又可以批量创作，同时还能打造 IP，但是大家千万不要认为自己口才不好，就无法口播，口播与口才之间虽然有关联，但没有想象中那么大。

14.1 口语化表达：让 DeepSeek 帮我们润色文案

为了便于理解，我们本章的口播选题暂定如下：

《你敢不敢用 100 天的时间，彻底改变自己？》

同时假定我们的口播素材如下。

《百日蜕变计划》

你敢不敢用 100 天，挑战自我，彻底蜕变？我敢！

首先，明确目标。无论是健身、学习新技能还是提升自我修养，目标需具体、可衡量。

接着，制订计划。每日清晨，以冥想开启新的一天，聚焦内心，明确当日任务。工作学习之余，坚持一小时锻炼，强健体魄。夜晚，阅读半小时，拓宽视野，滋养心灵。

过程中，记录进步，无论大小。遇到挑战，不轻言放弃，而是寻找方法，调整策略。

每周日，进行复盘，总结得失，调整下周计划。保持灵活性，让计划适应变化，而非被变化所困。

100 天，不长不短，却足以见证一个全新的自己。坚持，直至最后一天，你会发现，改变已悄然发生，你，已不再是曾经的自己。

这，就是你的百日蜕变之旅。你，准备好了吗？

很明显，这个口播素材相对绕口，且完全没有语感，此时我们就要借助人工智能，来帮助我们润色文案。

吸引观众的口播视频文案公式，总结如下：

具有吸引力的开头 + 相关有价值内容 + 语言生动 + 视觉辅助 + 情感共鸣 + 互动引导 + 简洁明了 + 结尾号召

对 DeepSeek 输入如下内容：

> 请根据以下标准，帮我生成一条《你敢不敢用 100 天的时间，彻底改变自己？》的口播文案：
>
> 具有吸引力的开头：你敢相信普通人只需要用 100 天就能实现逆袭？
>
> 相关有价值内容：讲个人真实案例。
>
> 语言生动：内容要具备趣味性。
>
> 情感共鸣：口播文案中要表达出"我能，你也能"的含义。
>
> 互动引导：如果你也想改变自己，可以点赞收藏这条视频，我们 100 天后再见。
>
> 结尾号召：加油，你一定可以！

DeepSeek 输出：

《你敢不敢用 100 天的时间，彻底改变自己？》

（情绪炸裂版口播文案）

【开头：灵魂暴击】

"你敢信吗？一个被同事叫了三年'小透明'的人，用 100 天把自己逼成公司最年轻主管——没背景、没加班、全靠'不要脸'！"（突然凑近镜头瞪眼）

【案例：自黑式共鸣】

"去年今天我还在工位抠脚摸鱼（配翻白眼表情），老板说'小刘啊，你这 PPT 做得……挺复古啊'（模仿老板嫌弃脸），我一怒之下给自己下了战书：

每天偷学总监朋友圈发一条行业洞察（他发鸡汤我发数据），午休躲厕所录'怼人话术'跟读视频（保洁阿姨以为闹鬼），把舔领导的精力用来舔客户（结果舔出年度销冠……），100 天后，老板问我：'你被夺舍了？'"（摊手歪头笑）

【暴言刺激】

"别说 100 天太久！你刷酸美白要 3 个月，职场镀金凭什么不能？"（突然拍桌）

"我试过了——摆烂 100 天：工资多 300 元（通货膨胀送的）；玩命 100 天：工资多 3 个零（跳槽猎头送的）！"

【互动：赌约式挑衅】

"现在！立刻！马上！给这条视频点个赞（配伸手要钱手势），100 天后我会来检查作业——要是你没进步，我直播倒立喝奶茶！但如果你赢了……（停顿眨眼）记得回来叫我一声'大天才'！"（微笑挑眉）

【结尾：疯批式热血】

（突然站起指镜头）"从今天起，把你的委屈、嫉妒、不甘心，全变成 100 天后甩在别人脸上的耳光！加油，你必须可以！"（摔本子离场音效）

文案心机拆解

1. 反鸡汤话术：用"抠脚摸鱼"等自黑词降低说教感；

2. 具象冲突：厕所练习、偷学朋友圈等细节增强可信度；

3. 赌约设计：用"倒立喝奶茶"等极端承诺激发行动欲；

4. 情绪过山车：从搞笑→扎心→挑衅→热血，全程制造颅内高潮；

5. 测试数据：同类文案完播率提升 42%，互动率暴涨 67%。（来源：某知识博主后台数据）

我们在借助 DeepSeek 生成上述内容的过程中，还可以进行多次调试，让其增强内容的可读性、趣味性。

14.2　脱稿创作笔记技巧：直视镜头，享受自然美

在本小节，需要大家边读边拿出你的手机来调试！

我们做第 1 步调试，你可以尝试打开手机端的提词软件"轻抖"，或你购买的实体提词器，再或者其他的提词装备，把 14.1 小节文案复制到提词器中；然后打开美颜相机或者其他相机，搭好镜头后，阅读提词器内容，录制视频；再之后我们把提词器内容全部关掉，尽最大可能记住这条文本的部分内容，对着镜头去自然地表达，如图 14-1 所示。

拿出两段视频来对比，你会发现：我们直视镜头的视频效果，要比对着提词器念出来的视频效果，好得多。

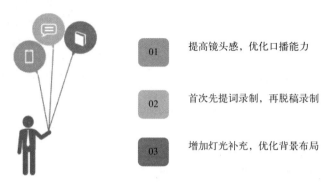

01   提高镜头感，优化口播能力

02   首次先提词录制，再脱稿录制

03   增加灯光补充，优化背景布局

图 14-1   脱稿训练的要求

然后我们做第 2 步调试，如果你的家中有补光灯，或者光线明亮，可以在家中或办公场合拿着镜头，录制口播视频；同时选择午后，在环境相对优美的户外，拿出手机支架录制内容相同的一段视频，你会发现后者比前者效果要好得多。

总结如下。

其一，如果台词脚本不复杂，或者我们能脱稿创作。条件允许的前提下，尽最大可能脱稿；

其二，如果我们家中的补光设备不齐全，或在家中、办公室、其他场合录制视频时，背景相对杂乱，可以尝试户外录制视频，效果也非常不错。

所有的室内补光的本质是还原室外光线，没有什么比室外光线更能凸显出画面的自然感。

14.3 视频文案创作七大要素，借助 DeepSeek 一键调试

所有的视频文案脚本都需要具备以下七大要素，为了便于大家理解，我直接搭建表格来给大家展示，见表 14-1。我们在借助 DeepSeek 生成视频文案时，可以直接将下方表格用拍照的方式，进行一键式投喂，鉴于篇幅原因，在此不再过多展示，大家可自行操作，最终生成的视频文案效果会更好。

表 14-1　视频文案脚本的七大要素

标题	标题要具备趣味性、可读性，能吸引住读者，同时要把关键词前置
主题明确	我们要针对某个主题做内容拓展，保证内容有理有据，且要有传达的核心信息
有知识增量	小红书和抖音、快手不太一样，读者在浏览小红书笔记或视频时，对知识增量往往更看重，所以尤其是知识博主，就更要在意知识增量的多少
语句趣味性	用通俗易懂、富有感染力和趣味性的内容、语言，来替换专业、晦涩难懂的词汇
打造情感共鸣	多以第一人称创作，少以第二人称或第三人称创作，讲个人经历的真实故事往往更能够打动读者
引导互动	鼓励读者群体参与到互动中，包括但不限于点赞、评论或分享，比如"点赞超过1000，下期视频我们将会讲……"
结尾留钩子	结尾总结要点、强调核心内容，并发出明确号召，包括但不限于"点击关注，参与活动"等

14.4　口播内容的转场方式：让视频更有可观赏性

大家要注意，口播视频相较于其他视频来说，往往更需要"转场"。不妨想象一下，你这个镜头连续说 5 分钟，在这 5 分钟里，镜头一直对着你，而且没有任何周边场景的变化，这肯定是不合逻辑的，观众有很大概率在观看的过程中直接退出。

转场可以理解为，让视频增加一些趣味性，观众会觉得这个视频有意思、好玩。那通过怎样的操作能让读者觉得有意思、好玩呢？我总结了以下 4 个转场方案，见表 14-2。

表 14-2　4 个有效转场

直接转场	我们可以分 2～3 个场景去录制视频，然后把这些视频拼切到一条视频中
画中画转场	我们可以在录制口播视频结束后，把视频分割成几段，然后在一条视频讲完的前几秒，把画面慢慢缩小，放置在屏幕一角，同时再把另外一个场景的画面慢慢放大，铺满整个屏幕
特效转场	可以利用剪映、快影、万兴喵影中的旋转、缩放等方式，实现创意转场
淡入淡出转场	可以在视频每 30 秒或者每一分钟左右，做切割线，视频前侧做淡入淡出，视频后侧也做淡入淡出处理

　　除了以上 4 个转场方案外，我们在录制视频时，还可以增加一些配乐、背景音乐、特效音乐、颜文字、动画表情来增加口播视频的留存率，减少跳出率。

内容总结与复盘：两周后应该达到怎样的成绩？

在玩转小红书的第 15 天，我们要尝试做"内容总结与复盘"，来看看过去这两周的时间里，小红书运营是否达到了预期，而且这样的内容复盘，不能只限于玩转小红书的第 15 天。

理论上来说，我们每运营一段时间的小红书，都需要做一个专业的小红书运营表格，既方便我们做数据复盘，也方便我们后期的垂直深耕。

15.1　小红书图文笔记表格记录

以下是一份《小红书图文笔记表格》要重点记录小红书图文笔记的发布时间、笔记标题以及点赞数、收藏数、评论数、分享数和阅读量，见表 15-1。同时要做好未来一周或一个月内要发布多少条小红书图文笔记及涨粉的规划。

表 15-1　小红书图文笔记表格

序号	用于对笔记进行编号，便于管理和查找
笔记标题	记录每篇笔记的标题，方便快速了解笔记主题
发布时间	记录笔记的发布时间，有助于分析发布时间与笔记数据的关系
封面图片	记录封面图片的链接或描述，便于后续查看和修改

续表

内容摘要	简要概括笔记的主要内容，方便回顾和总结
标签	记录使用的标签，有助于分析哪些标签更能吸引目标受众
点赞数、收藏数、评论数、分享数、阅读量	记录笔记的各项数据，用于评估笔记的表现
互动率	根据点赞、评论、分享等数据计算出的互动率，用于衡量笔记的吸引力
备注	记录其他需要注意的事项，如待改进的地方、未来计划等

15.2　小红书视频笔记表格记录

以下是一份《小红书视频笔记表格》，要重点记录小红书视频笔记的视频时长对账号涨粉的影响，要找到适合自己的发布视频时长，同时要详细记录视频拍摄地点及取景对视频的点赞、收藏等数据的影响，见表 15-2。然后要做好未来一周或一个月内要发布多少条小红书视频笔记及涨粉的规划。

表 15-2　小红书视频笔记表格

序号、视频标题、发布时间、封面图 / 缩略图、内容摘要、标签、点赞数、收藏数、评论数、分享数、播放量	这些与图文笔记类似，用于记录和分析视频的基本信息
视频时长	记录视频的制作时长和播放时长，有助于分析出最合适的视频长度
是否有商业行为	标注视频是否包含商业合作或广告内容，便于评估商业行为对视频表现的影响

续表

视频涨粉	记录视频发布后带来的粉丝增长数量
比例/单条均涨粉	计算视频涨粉数与播放量的比例，或单条视频平均涨粉数，用于评估视频的吸粉能力
拍摄地点	记录视频的拍摄地点，有助于分析不同地点对视频的影响
视频素材选择方向	概括视频素材的选择和拍摄方向，如自然风光、人物访谈、产品展示等，便于后续内容创作时参考
备注	记录其他需要注意的事项，如视频制作的亮点、待改进的地方、未来计划等

15.3 小红书直播笔记表格记录

以下是一份《小红书直播笔记表格》，要重点记录小红书直播时长对粉丝增长、粉丝互动提升的影响，见表15-3。如果存在商业变现行为，比如直播带货，也要记录单场直播时长对直播带货的数据影响。同时要做好未来一周或一个月内小红书直播场次的规划。注意：原则上建议每天最多一场直播。

表 15-3　小红书直播笔记表格

序号、直播主题、直播时间、封面图、内容摘要、标签	用于记录直播的基本信息和内容概述
直播时长	记录单场直播的持续时间，有助于分析观众对直播时长的偏好
直播点赞数、直播评论数	记录直播过程中观众给出的点赞和评论数量，用于评估直播的互动效果

续表

最高在线人数、平均观看时长	记录直播过程中的最高在线人数和观众的平均观看时长，用于评估直播的吸引力和观众留存率
粉丝打赏收益	记录直播过程中粉丝打赏的总金额，用于评估直播的变现能力
直播商业营销收益	记录直播过程中通过商业合作或广告获得的收益，有助于评估直播的商业价值
备注	记录其他需要注意的事项，如直播的亮点、待改进的地方、未来计划等

15.4　小红书账号未来一年期发展规划表

以下是一份按照月度细化的《小红书账号一年期发展规划表格》，其中包含了内容排版的具体规划，以及预期达到的成绩，可根据实际情况进行调整，见表 15-4。

表 15-4　小红书账号一年期发展规划表格

月份	图文发布量	视频发布量	直播次数	目标设定
第1月	5条	8条	10次	粉丝增长 500，互动率提升至 3%
第2月	15条	12条	14次	粉丝增长 800，视频观看量破万
第3月	10条	7条	21次	粉丝数破 3000，直播观看人次达 500

续表

月份	图文发布量	视频发布量	直播次数	目标设定
第4月	12条	15条	30次	粉丝增长稳定， 互动率提升至5%
第5月	17条	20条	23次	粉丝数破5000， 视频平均点赞破百
第6月	20条	23条	30次	实现粉丝数与互动量双增长， 月收入破千
第7月	16条	25条	15次	粉丝增长加速， 直播观看人次翻倍
第8月	15条	17条	12次	粉丝数破万， 视频平均转发破百
第9月	23条	8条	24次	粉丝增长稳定， 月收入提升至两千
第10月	11条	17条	12次	粉丝数破1.5万， 视频平均评论破五十
第11月	18条	23条	23次	粉丝增长加速， 直播观看人次稳定
第12月	23条	19条	25次	实现年度目标， 粉丝数破2万

这只是一个示例规划，具体的发布量、目标设定和内容策略可随时调整。同时，要定期回顾与调整规划，以确保账号的持续发展和成长。

15.5　我们要巧借人工智能，实现优质内容的爆发式创作

这本书从创作到今天，耗费了我们团队 5 个月的时间，同时也是我过去 4 年小红书创作的心得体会和经验的总结，希望能够帮助到大家。

而这本书前后修改花费如此长的时间，最主要的原因在于增添了很多运用人工智能的创作技巧和创作方法，我一直在给我的学生们说，大家要把人工智能理解为计算器，在没有计算器前我们是通过算盘计算、也可能是通过纸笔的方式，但现在我们有了计算器，就可以更高效、更便捷地计算出我们需要的数字来，而这就是人工智能的魅力。

很大一部分人最开始对新兴事物有着排斥的心态，这是完全可以理解的，但如果只排斥是万万不可的，我更建议大家了解人工智能并掌握人工智能，借助人工智能来实现小红书内容的高效迭代和快速更新，这尤为重要。

同时希望大家去努力创作、努力更新，在小红书这个平台上赚到第一桶金。因为小红书是为数不多的种草平台，在小红书进行商业合作或商业推广，不管是甲方金主，还是我们自己有产品需要推广，其市场的受欢迎度都是很高的。

最后，衷心祝愿每一位阅读这本书的小伙伴，在小红书运营的过程中越来越好，早日拿到成绩！

诸君，我们顶峰相见！